A ARTE DA VIDA

EDITORA GROUND

livros para uma nova consciência

TSERING PALDRÖN

A ARTE DA VIDA

Os fundamentos do Budismo

EDITORA GROUND

Revisão: Veridiana Maenaka
Jefferson Donizete de Oliveira
Editoração Eletrônica: Ediart
Ilustrações cedidas pela autora
Capa: Niky Venâncio

CIP – Brasil – Catalogação na Fonte
Sindicato Nacional dos Editores de Livros, RJ

Paldrön, Tsering
A arte da vida: os fundamentos do Budismo/
Tsering Paldrön.
– São Paulo: Ground, 2003

Inclui bibliografia
ISBN: 85-7187-179-5

1. Budismo – Tibet (China e Nepal). 2. Vida religiosa (Budismo). 3. Felicidade – Aspectos religiosos – Budismo – Tibet (China e Nepal). I. Título

CDD 294.3923
03-0052 CDU 294.321

Editora Ground Ltda.
Rua Lacedemônia, 68 - Vila Alexandria
04634-020 São Paulo - SP
Tel.: (0xx11) 5031.1500 / Fax: 5031.3462
E-mail: editora@ground.com.br
Site: www.ground.com.br

Sumário

Prefácio de Lama Kunzang

TSERING PALDRÖN *(EMÍLIA M. ROSA)* É MINHA DISCÍPULA HÁ MUITOS ANOS. Há vinte cinco anos havia apenas três residentes na *Gompa*[1] de *Nyima Dzong* no Sul de França e ela já era um deles.

Há dezesseis anos participou com muito entusiasmo de um retiro tradicional de três anos na Dordogne, onde recebeu iniciações e ensinamentos de alguns Lamas preciosos do Budismo tibetano, entre os quais Kyabje Dudjom Rinpoche e Kyabje Dilgo Khyentse Rinpoche.

Há já vinte cinco anos, esses mesmos grandes Yogis encorajaram--nos a criar o primeiro centro do Dharma em Portugal. Muito discretamente e ao longo de todos estes anos, a Ogyen Kunzang Chöling tem dado resposta às aspirações espirituais de muitos daqueles que buscam a Verdade de Norte a Sul desse maravilhoso país onde o coração dos seres irradia tanto e com tanta frequência como o sol que sobre ele brilha.

Nesta época de conflitos, em que os verdadeiros valores da existência se encontram esquecidos, em que os seres andam frequentemente enganados e alienados numa dualidade cada vez mais impregnada de materialismo tão infernal quanto egocêntrico, este livro irá decerto contribuir para que os seus leitores possam reencontrar a Clara Luz que reside no coração de todos nós. Isso é para mim um grande motivo de alegria.

---

[1] *Gompa*, palavra tibetana para designar um pequeno mosteiro.

Há tão pouca bondade no mundo que eu rezo para que, graças a todas estas ações, palavras e pensamentos, adornados por alguma compaixão, possam todos os seres, nossos parentes próximos, alcançar a felicidade de descobrir a suave quietude da Verdadeira Natureza do Espírito Reencontrado.

Kundor

Décimo terceiro dia do nono mês do ano do Dragão de Ferro, na Bélgica.

Prefácio de Lama Kunzang

TSERING PALDRÖN *(EMÍLIA M. ROSA)* É MINHA DISCÍPULA HÁ MUITOS ANOS. Há vinte cinco anos havia apenas três residentes na *Gompa*[1] de *Nyima Dzong* no Sul de França e ela já era um deles.

Há dezesseis anos participou com muito entusiasmo de um retiro tradicional de três anos na Dordogne, onde recebeu iniciações e ensinamentos de alguns Lamas preciosos do Budismo tibetano, entre os quais Kyabje Dudjom Rinpoche e Kyabje Dilgo Khyentse Rinpoche.

Há já vinte cinco anos, esses mesmos grandes Yogis encorajaram-nos a criar o primeiro centro do Dharma em Portugal. Muito discretamente e ao longo de todos estes anos, a Ogyen Kunzang Chöling tem dado resposta às aspirações espirituais de muitos daqueles que buscam a Verdade de Norte a Sul desse maravilhoso país onde o coração dos seres irradia tanto e com tanta frequência como o sol que sobre ele brilha.

Nesta época de conflitos, em que os verdadeiros valores da existência se encontram esquecidos, em que os seres andam frequentemente enganados e alienados numa dualidade cada vez mais impregnada de materialismo tão infernal quanto egocêntrico, este livro irá decerto contribuir para que os seus leitores possam reencontrar a Clara Luz que reside no coração de todos nós. Isso é para mim um grande motivo de alegria.

---

[1] *Gompa*, palavra tibetana para designar um pequeno mosteiro.

Há tão pouca bondade no mundo que eu rezo para que, graças a todas estas ações, palavras e pensamentos, adornados por alguma compaixão, possam todos os seres, nossos parentes próximos, alcançar a felicidade de descobrir a suave quietude da Verdadeira Natureza do Espírito Reencontrado.

Kundor

Décimo terceiro dia do nono mês do ano do Dragão de Ferro, na Bélgica.

Prefácio à edição brasileira

HÁ DOIS MIL E QUINHENTOS ANOS UM PRÍNCIPE INDIANO CHAMADO Siddharta renunciou ao trono, decidido a encontrar um remédio universal para o sofrimento. Após alguns anos de introspecção, a sua vivência da realidade transformou-se radicalmente: ele transcendera o sofrimento e a dor, e sua descoberta iria mudar a vida de milhões de seres.

Sou budista há quase trinta anos e minha confiança nos métodos budistas para nos aprimorar como seres humanos e tornar este mundo um lugar melhor resulta da experiência. Assim, é sempre com grande entusiasmo que procuro transmitir aquilo que aprendi ao longo destes anos, aplicando no dia-a-dia os inúmeros ensinamentos que recebi de muitos Lamas tibetanos.

Num país tão místico como o Brasil, com tão grande fascínio e atração pelas mais variadas formas de espiritualidade, é importante que se dê voz ao budismo, uma tradição espiritual com uma longa existência e uma grande atualidade. Confiante de que os valores e as questões de que trata este livro têm um âmbito muito vasto e interessam a todos os seres humanos, independentemente de religiões, raças ou ideologias, é meu voto sincero que ele de alguma forma contribua para trazer mais bem-estar aos brasileiros.

Tsering Paldrön

Ao meu Lama, união das Três Raízes.

Introdução

Não pretendo converter os outros ao Budismo, mas sim informá-los do modo como nós, budistas, podemos contribuir para a humanidade com a nossa concepção do mundo.

Tenzin Gyatso, Décimo Quarto Dalai Lama

O QUE MOTIVA AS NOSSAS AÇÕES? O QUE NOS LEVOU A CASAR OU A FICAR solteiros, a escolher esta ou aquela profissão? Por que nos levantamos esta manhã, por que fomos trabalhar? Por que compramos este livro, por que começamos a lê-lo? Todas as decisões que tomamos, sejam elas importantes ou não, têm como finalidade direta ou indireta a obtenção do bem estar e da felicidade.

Podemos mesmo ir mais longe e afirmar que o motivo de todos os esforços feitos desde sempre pela humanidade é a busca da felicidade. A religião, a cultura, a arte, a ciência e todas as invenções, das mais simples às mais sofisticadas, são reflexos desta necessidade fundamental que, segundo o Budismo, não só é perfeitamente natural como também prova que a nossa verdadeira natureza é serenidade e bem estar. Com efeito, esta sede de felicidade vem do reconheci-mento implícito de que o sofrimento, o desespero e a angústia são estados alterados e antinaturais. Por conseguinte, o desejo de nos libertarmos deles é tão legítimo quanto querer tirar um espinho do pé.

Mas, numa busca tão fundamental, a grande questão é saber quais são as verdadeiras fontes de felicidade e como conquistá-las. Decerto que a resposta mais óbvia, e a primeira que nos ocorre, é que a felicidade depende de fatores externos. Estarmos rodeados por pessoas que nos querem bem, possuirmos um certo conforto material, comermos o que queremos, quando queremos, são alguns exemplos de fontes de bem estar geralmente reconhecidas. Para a maioria das pessoas, o bem estar significa ter um companheiro, filhos, harmonia familiar, casa, carro, e um certo grau de conforto material que varia conforme o país, a classe social e, de uma forma geral, as expectativas que a sua condição lhe permite.

Com essa perspectiva do que são as fontes de bem estar, o Ocidente, sobretudo a partir do início do século XX, depositou no progresso científico a esperança de um mundo melhor, de um acréscimo de bem estar e de felicidade para a espécie humana. E efetivamente seria difícil negar todo o conforto que a aplicação prática das descobertas científicas trouxe à sociedade moderna!... Indiscutivelmente, vivemos mais tempo e as nossas condições de vida são mais fáceis que no passado, mas... seremos mais felizes?

Em primeiro lugar, o conforto e as facilidades materiais não estão ao alcance de todos. Infelizmente continuam a existir condições de vida inumanas. Milhares de pessoas morrem de fome todos os dias, há crianças maltratadas e exploradas, jovens vendidas para a prostituição e escravos. Embora continue a existir à nossa volta, a miséria escondeu-se ou afastou-se do nosso campo visual. A alguns milhares de quilômetros daqui é que ela exibe, sem pudor, a sua face mais sórdida.

O erro fundamental da disputa por bens materiais, com o objetivo de alcançar a felicidade, não vem da procura em si, mas da atitude egoísta que a motiva. Quase nunca se buscam soluções com a condição imprescindível de trazerem bem estar a todos e que simul-taneamente respeitem o equilíbrio natural a curto e a longo prazo. Opta-se quase sempre pela lei iníqua que obedece apenas aos impulsos mais egoístas e vis, sem preocupação pelo impacto das nossas opções

a longo prazo. E o resultado é o que estamos vendo. Obedecendo apenas à ganância do lucro, numa parte do planeta destruímos produtos agrícolas perfeitamente comestíveis enquanto que noutras homens, mulheres e crianças continuam a morrer de fome.

Mas não é tudo: os resultados ecológicos desta corrida em busca do bem estar revelam-se devastadores. Destruímos florestas, espécies animais e vegetais, a camada de ozônio. Entramos no terceiro milênio como aqueles exércitos medonhos dos tempos passados que destruíam tudo, deixando atrás de si apenas morte, desolação e ruínas fumegantes. Os ecologistas avisam-nos todos os dias: nas primeiras décadas do terceiro milênio não haverá árvores nem água potável e o ar estará cada vez menos respirável. Todos os dias se extinguem espécies animais e vegetais. O homem está transformando o planeta num deserto inabitável e, na sua grande ânsia de bem estar, é isso que tenciona deixar a seus filhos!...

O sonho do progresso como glorioso salvador da humanidade desmoronou-se. Muitos de nós já perceberam que o preço a pagar pelos computadores, celulares, eletricidade e toda a admirável tecno-logia da nossa época é bastante elevado. E ainda se tudo isso fosse efetivamente sinônimo de felicidade! Mas não é o caso. O objetivo da nossa sociedade não é pôr à disposição dos seus membros aquilo de que necessitam, mas sim criar-lhes no espírito o desejo insaciável de consumir, persuadindo-os de que, graças a isso, irão sentir-se mais felizes. Mas temos de reconhecer que nem os carros, nem os telefones, nem a televisão fizeram de nós seres humanos mais realizados ou mais felizes. Alimentam, isso sim, a nossa inextinguível ânsia de possuir, de mesma forma que a água salgada aumenta a sede. No fundo, a verdadeira felicidade, o autêntico conforto, é ter carro, telefone e televisão ou estar em paz consigo mesmo?

A resposta budista a esta questão é totalmente diferente. Buda foi um príncipe a quem nada faltou. Rico, adulado, rodeado de harmonia e de beleza, Siddharta ignorava o sofrimento, a velhice, a doença e a morte. Quando tomou contato com essas realidades pela primeira

vez teve um choque. Era esse então o destino dos homens, essa alternância de dor e de bem estar, essa incerteza quanto ao dia de amanhã? Profundamente tocado, percebendo que diante da doença, da morte e da passagem do tempo reis e mendigos são igualmente impotentes, Siddharta decidiu procurar uma resposta universal.

A resposta que encontrou apontou um caminho radicalmente diferente daquele que descrevi até aqui. Os budistas tibetanos denominam-se a si mesmos *nang pa*, que significa "os que buscam no interior". Com efeito, a abordagem budista incita os seres humanos a reconhecerem dentro de si as causas da felicidade e do sofrimento. Nesta abordagem há um primeiro nível facilmente compreensível. Em condições de vida idênticas, duas pessoas podem reagir de modos totalmente diferentes e até mesmo opostos: uma pode considerar-se feliz e a outra infeliz. Em condições idênticas, mas em momentos distintos da sua vida, uma pessoa pode ter reações muito diferentes. De onde se depreende que a felicidade é, até um certo ponto, uma questão de perspectiva. Com base nesta ideia, o Budismo ensina-nos a adotar uma visão positiva e a cultivar uma paz interior inabalável e, tanto quanto possível, independente das condições externas.

No entanto, embora seja possível atravessar as grandes crises da vida com uma atitude positiva e mesmo retirar um certo enriquecimento das dificuldades que se nos deparam, a verdade é que todos preferimos ter saúde, um teto para nos abrigarmos e o suficiente para vivermos, para não falarmos da afeição igualmente indispensável ao nosso bem estar. E é aqui, que o Budismo dá uma resposta que talvez surpreenda o leitor: tudo o que nos acontece – o bem, o mal, a dor e a alegria – é fruto dos nossos atos. Esta lei que rege o aparecimento dos fenômenos é, no Budismo, aquilo a que se chama *karma*, ou lei da causalidade. Trata-se de uma lei segundo a qual, pelo jogo puramente mecânico das causas e dos resultados, cada ação física, verbal ou mental que realizamos é como um bumerangue que volta inevitavelmente ao ponto de partida. Todos os fenômenos estão ligados entre si. Todos os seres, objetos e acontecimentos dependem de

inúmeros outros e, por conseguinte, cada ação, como um fio puxado numa imensa e complexa rede de relações interdependentes, interfere com todo o resto. Desta forma, é absurdo pensar que os atos que praticamos apenas afetam a nós mesmos, como se estivéssemos isolados numa redoma, e que uma coisa pode, simultaneamente, fazer mal aos outros e ser-nos benéfica. A experiência empírica demonstra o contrário e basta um pouco de reflexão para dissipar a nossa cegueira habitual. *Ou seja, a compreensão da lei da causalidade revela-nos que uma ação que produz sofrimento à nossa volta cria um encadeamento de dor ao qual não podemos escapar e que o nosso bem e o bem alheio são profundamente solidários, diria mesmo indissociáveis.*

Decerto o leitor já concluiu que esta forma de pensar orienta a busca da felicidade de um modo radicalmente diferente. Em vez de procurarmos o bem estar a qualquer preço – matando, pilhando, explorando, mentindo, esmagando os outros para lhes extorquirmos aquilo que cobiçamos –, reconhecemos que a usurpação da felicidade tem resultados nefastos, tanto em nível pessoal como planetário. Exemplos não faltam.

Chegamos a um momento da história em que, mais do que nunca, os métodos de busca da felicidade utilizados no mundo ocidental se revelam contraproducentes. Mas adotar a visão extremista de abandonar os aviões e voltar aos carros de bois, jogar fora os celulares e voltar aos pombos-correios também não resolve nada. Não podemos responsabilizar o desenvolvimento da ciência pelas catástrofes ecológicas à beira das quais nos encontramos, mas sim a falta de ética, a ganância e a cegueira diante da interdependência dos seres e dos fenômenos.

De alguns anos para cá, Sua Santidade o Dalai Lama tem sido o porta-voz de uma sabedoria ancestral que pode ajudar-nos a tomar consciência do mundo em que vivemos e das medidas urgentes que teremos de adotar se quisermos sobreviver como espécie. Não existe um sistema político que possa mudar a sociedade composta pelos predadores que somos. Para que tal mudança se opere, diz Sua Santidade, devemos adotar uma ética secular e inculcar nos nossos filhos a

consciência de que o bem estar que desejam não pode ser obtido em detrimento dos outros. Se queremos assegurar a sobrevivência da humanidade e do planeta, torna-se indispensável encontrar uma ordem de valores que nos sirva de referência e que esteja na base das nossas opções individuais e coletivas. E a base dessa ordem de valores tem de ser o respeito pelos outros e pelo mundo, a bondade, a dignidade e um sentido de responsabilidade planetária baseados no conhecimento da profunda conectividade que existe entre tudo.

Ao longo dos séculos, ética e religião têm aparecido associadas. Fazia parte do papel da religião dar aos seres humanos uma ordem de valores que não fosse apenas material e imediata, que lhes permitisse moderar, canalizar e mesmo sublimar os seus possantes instintos predadores. Nas últimas décadas, porém, a ciência tem substituído a religião e, consequentemente, os valores morais que lhe estavam associados por tradição foram decaindo. E assim chegamos à sociedade moderna, que se encontra em uma crise de valores.

Porém, no mundo moderno a questão ética ultrapassou largamente o domínio da religião e tornou-se um ponto fundamental, uma questão de vida ou de morte. É nesse sentido, e perante a urgência da questão, que Sua Santidade tem formulado cada vez mais claramente a sua ideia de "espiritualidade laica".

Em acréscimo ao descrédito de que a religião tem sido alvo, existe também alguma reação contra o dogmatismo de certas tradições religiosas. Consequentemente, para que a sua aceitação seja viável, qualquer ética secular tem de resistir à análise e ser suficientemente flexível para ser aceita fora do contexto religioso. E é justamente aí que a noção de *karma* formulada pelo Budismo pode dar a sua valiosa contribuição. Com efeito, pela explicação que dá do encadeamento de causas e efeitos, a lei da causalidade gera uma ética inteligível cujos critérios de bem e mal são pragmáticos. Ou seja, a lei do karma faculta-nos um método prático e racional para obtermos a felicidade que desejamos e evitarmos o sofrimento.

A aplicação destes critérios é fácil de compreender: imagine um indivíduo arrogante, mesquinho, impaciente, grosseiro e violento e outro generoso, paciente, sincero, honesto e respeitador dos direitos alheios. Se tivesse de escolher um noivo para a sua filha, se andasse à procura de um sócio, ou mesmo se tivesse de fazer uma viagem de carro com um deles, qual escolheria? Não lhe parece que a escolha é evidente? Não é provável que o segundo indivíduo tenha mais amigos, que a sua companhia seja mais apreciada e que a sua vida seja mais agradável que a do primeiro? E isso não será já uma parte daquilo a que chamamos felicidade?

A lei do karma não fala de "bem" nem de "mal" absolutos ditados por um poder superior mas baseia-se no fato de que todos nós desejamos evitar o sofrimento e alcançar a felicidade. Por conseguinte, "mal" é tudo o que não é prático, o que nos afasta da harmonia e faz sofrer a nós e aos outros; "bem" é o que torna a vida agradável, cria harmonia e traz bem estar a nós e aos outros.

Os resultados patentes da falta de valores levaram a nossa sociedade à crise em que se encontra, e parece-me que todos os problemas com que nos confrontamos, em nível pessoal e planetário, nascem de duas graves lacunas: a falta de ética e a falta de sentido da vida. Vivendo existências absurdas, baseadas exclusivamente em atividades triviais de sobrevivência e alienação, a maior parte das pessoas comete, sem qualquer discernimento, ações negativas que conduzem apenas ao sofrimento. Quando este emerge, tão absurdo e desprovido de sentido como o resto, são incapazes de transformá-lo. Revoltam-se então, acusam os outros e a sociedade e sofrem cada vez mais.

Conscientes desse beco sem saída, cada vez mais pessoas procuram no Budismo algo que dê sentido à sua existência. Pela sua flexibilidade e não-dogmatismo, o Budismo possui características muito atraentes. No entanto, em virtude da distância cultural, nem sempre é fácil compreender as suas noções fundamentais. A maioria dos livros disponíveis destina-se a praticantes budistas e pressupõe

uma certa perspectiva do mundo e também alguns conhecimentos de base.

A abordagem deste livro tem dois objetivos: o primeiro é apresentar as noções de base do Budismo que sirvam de referência para inferir valores sobre os quais assentar uma ética secular e dar sentido à existência humana. Esse seria o primeiro passo na elaboração de uma forma de espiritualidade laica que facilmente se integrasse na vida de qualquer pessoa; o segundo é criar uma ponte para a abordagem dos textos preciosos dos grandes Mestres que evite os erros clássicos dos ocidentais.

Assim, nos capítulos seguintes serão tratados diversos aspectos da visão budista da vida: o nascimento, a morte, o renascimento, a existência de outras formas de vida, o valor da existência humana, etc. A visão global que irá surgindo ao longo das páginas é bastante diferente da que é habitual no Ocidente e poderá colidir com as nossas convicções.

Erradamente pensamos que só as crenças religiosas se apóiam sobre a fé quando, na verdade, qualquer teoria, seja ela religiosa ou filosófica, repousa sempre sobre axiomas que nunca são postos em questão. A própria ciência tem um credo. Como diz B. Allan Wallace,[2] no seu livro *Science et Bouddhisme*: "A ciência pressupõe também uma forma de fé que, no entanto, raramente é assim designada. Enquanto as religiões afirmam claramente o seu credo, é de uma forma mais sub-reptícia que a ciência avança as suas hipóteses de base"[3]. Eis algumas delas: embora o Universo exista independentemente dos conceitos apenas estes permitem apreender os elementos que o compõem e as leis que o regem; embora abandone sucessivamente as suas teorias, a ciência avança em

---

[2] Físico americano estudioso das ciências religiosas. Autor de vários livros sobre o budismo Mahayana.

[3] *Science et Bouddhisme,* B. Alan Wallace, p.16.

direção a uma representação do Universo cada vez mais exata; o método científico é totalmente objetivo e confiável...

A crença na superioridade da ciência sobre a religião ou a filosofia apóia-se justamente neste último ponto: a suposta objetividade do método científico. Esta convicção apresenta todas as características de uma fé irracional, um ponto de doutrina que é sacrilégio pôr em questão. Na prática, esse ideal de suprema objetividade e independência é uma utopia. No mundo moderno, a maior parte dos cientistas tem de conformar-se com os paradigmas ou modelos de realidade geralmente aceitos e depende de interesses comerciais e militares. Só os prêmios Nobel de alguma disciplina, personalidades altamente respeitadas, podem permitir-se questionar as teorias em voga.

Supostamente, as teorias científicas são baseadas em observações experimentais, dados brutos que as confirmam de modo objetivo. Mas a realidade é outra. Ninguém observa o comportamento das partículas quânticas para passar o tempo da mesma forma que uma senhora de idade se põe à janela para ver passar as pessoas na rua. Quando um cientista consegue obter os avultados financiamentos necessários tem uma intenção precisa – comprovar uma teoria que já formulou ou refutar uma teoria adversa – e está limitado pelos interesses materiais que as aplicações práticas das suas descobertas envolvem. A sua observação está condicionada por uma expectativa e portanto não é totalmente objetiva. Podemos ir mais longe e perguntarmo-nos em que medida o ser humano pode ser totalmente objetivo, fazer abstração da língua em que pensa, da educação e dos modelos de realidade da sua cultura. Um aborígene da Austrália verá a mesma realidade que um nova-iorquino?

Mas a ilusão de objetividade não pára por aqui. Ao analisar os resultados experimentais que sustentam diversas teorias científicas, os biógrafos e historiadores chegaram à conclusão de que mesmo grandes nomes da ciência – como Galileu, Isaac Newton e outros mais modernos – recorreram por vezes a uma "correção" ou a uma seleção dos melhores resultados na apresentação das suas teorias.

Rupert Sheldrake,[4] no seu best-seller *Seven Experiments that Could Change the World*, dedica um capítulo a esta questão e diz: "Muitas pessoas crêem na ciência como numa religião e precisam acreditar na sua autoridade superior e objetiva. Na medida em que a ciência substituiu a religião como fonte de verdade e de valores, os cientistas tornaram-se uma espécie de sacerdotes. (...) Têm pois a maior reticência em pôr em causa as crenças e as instituições que legitimam a sua posição. Admitirão talvez que um ou outro indivíduo possa ter errado, mas dificilmente porão em causa as crenças e os ideais que sustentam o sistema."

Por último, os mais recentes desenvolvimentos da ciência, espe-cialmente no campo da física quântica, afirmam cada vez mais a impossibilidade da objetividade, pois nesse nível de realidade o sujeito não pode ser separado do objeto e o próprio ato de observar modifica a realidade observada.

Ao apresentar estes argumentos, a minha ideia não é desacreditar a ciência nem lançar o debate sobre seu valor ou credibilidade. Pretendi apenas apontar que aquilo que tomamos por evidências ou verdades absolutas são frequentemente meros axiomas culturais e que o domínio incontestado da ciência sobre o mundo moderno é, em grande parte, baseado num preconceito cultural e numa crença. Para além disso, parece-me salutar relativizar o mito da infalibilidade da ciência, que se arrisca a cair no mesmo tipo de intolerância que combateu na religião.

Assim, ao abordarmos a visão budista do mundo, o mais importante não é decidirmos desde já se acreditamos ou não no karma e no renascimento. A nossa atitude pode ser mais aberta, de modo que, em vez de rejeitar *a priori* estas noções, possamos, com verdadeiro espírito científico, tomá-las como hipóteses de trabalho. Esta abordagem é, além do mais, totalmente compatível com o Budismo pois o próprio

---

[4] Biólogo britânico, autor da teoria dos campos morfogenéticos (ver Bibliografia).

Buda pediu que não aceitássemos cegamente o seu ensinamento mas que o puséssemos à prova, o analisássemos racionalmente, o testássemos para ver se é ou não aplicável à nossa experiência do mundo.

Não há neste livro nenhuma intenção de converter quem quer que seja ao Budismo, de criticar a sociedade, a cultura ou a ciência, nem de lançar um debate filosófico especulativo e intelectual. Foi apenas com a intenção de propor uma reflexão sobre certas ideias básicas do Budismo àqueles que desejam dar sentido à sua existência que o escrevi. O meu único desejo é que lhes seja útil.

Gostaria de exprimir uma imensa gratidão ao Lama Kunzang, meu Lama de Raiz, pela confiança e o amor com que me ensina há quase trinta anos. Pela sua presença deslumbrante, fez-me entrever o valor do nascimento humano e inspirou-me o desejo de o imitar. Foi o que deu sentido à minha vida.

Sinto-me igualmente grata a todos os Lamas Preciosos que, de uma forma ou de outra, me ensinaram, Sua Santidade o Dalai Lama, Kyabje Dudjom Rinpoche, Kyabje Dilgo Kyentse Rinpoche, Kyabje Trulshik Rinpoche, Kyabje Rabjam Rinpoche, Khenchen Pema Sherab e muitos outros. Gostaria ainda de fazer um agradecimento muito especial a Tsetrul Pema Wangyal Rinpoche, que dirigiu o retiro de três anos que fiz na Dordogne (França), por tudo o que me ensinou e pela irresistível bondade com que aborda tudo e todos. Espero ter conseguido transmitir fielmente as palavras de todos estes seres excepcionais e o sentido dos seus Ensinamentos e peço desculpa por quaisquer erros, faltas ou omissões que possa ter cometido.

1
A Lei da Causalidade

A abordagem budista do mundo é essencialmente humanista, uma vez que se debruça sobre os problemas humanos e a maneira de os resolver. Ao contrário da maioria das outras grandes religiões não se articula em torno da noção de um Deus criador e considera o karma como a lei que rege os fenômenos.

Adiante veremos que certos cientistas modernos – entre os quais Rupert Sheldrake com a sua teoria dos campos morfogenéticos, ou causalidade formativa – conceberam teorias muito próximas da noção de karma, demonstrando que esta noção não é fundamentalmente incompatível com a visão materialista do mundo. Por outro lado esta noção existe em todas as religiões do mundo, embora frequentemente de uma forma menos elaborada, o que prova que também não é incompatível com a visão teísta do mundo.

Assim, a noção de causalidade revela-se de uma grande importância para a elaboração de uma ética humanista que não dependa necessariamente da religião e possa ser analisada e posta à prova pela razão.

> **Segundo as escrituras budistas o criador do mundo que conhecemos não é senão a força resultante das nossas ações passadas ou karma. Todas as ações que realizamos produzem uma marca no espírito que influi na nossa evolução futura. Em resumo, a felicidade é sempre o resultado de uma atividade positiva e o sofrimento de uma atividade negativa.**
>
> *Tenzin Gyatso, Décimo Quarto Dalai Lama*

Tomem em conta os mais ínfimos aspectos
Da lei da causalidade
E alcançarão sem esforço
A felicidade dos deuses e dos homens.

Shabkar

Karma

Karma é uma palavra sânscrita que quer dizer "ação" e, por extensão, causalidade. Não se trata de um conceito exclusivamente budista: o Oriente, em geral, acredita na lei do karma.

A ideia de causalidade é bastante óbvia, pois trata-se de uma noção empírica. Certas filosofias niilistas ou existencialistas, afirmando que os fenômenos são fruto do acaso e não de uma causalidade, estão em franca contradição com a nossa experiência do mundo. O fogo queima, a água molha – se não estabelecêssemos relações de causa e efeito, ser-nos-ia impossível aprender o que quer que fosse e o mundo seria um caos sem sentido algum.

No entanto, a teoria do karma vai muito mais longe que esse nível empírico de causalidade e afirma que tudo no universo é o resultado de causas e circunstâncias, e que é este o modo de funcionamento da realidade. Porém, convém não esquecermos que karma quer dizer "ação", indicando que os nossos atos são o ponto de partida da causalidade.

O Budismo procura encontrar soluções para os problemas humanos, que se resumem, em geral, à procura da felicidade e ao esforço para evitar o sofrimento. Mas, quando olhamos à nossa volta, vemos muito mais sofrimento do que felicidade. Qual será a razão pela qual sofremos e fazemos sofrer os outros, apesar de querermos unicamente ser felizes? *O Budismo afirma que a felicidade só pode resultar de ações físicas, verbais e mentais construtivas e o sofrimento de ações destrutivas.*

Por exemplo, um homem casado que tem uma aventura pensa que ela lhe vai proporcionar algum prazer. Mas como esta ação é destrutiva – no sentido de que provoca sofrimento – o seu resultado não pode ser positivo. Na realidade, agindo desta forma, terá mais problemas do que satisfações e, consequentemente, a sua falta de discernimento irá conduzi-lo ao resultado inverso do que deseja.

Grande parte das nossas ações negativas são cometidas por irreflexão e não com a intenção de fazer mal. Infelizmente, temos este tipo de comportamento inconsequente também em nível planetário, por exemplo no modo como gerimos os recursos naturais do planeta, as florestas, os rios e os oceanos: agimos como se depois de nós não viesse ninguém...

Quando plantamos uma árvore decerto não esperamos colher os frutos no dia seguinte. Se, por impaciência e desejando um resultado mais rápido, a usarmos como lenha enquanto é apenas um arbusto, não será este um comportamento absurdo? Ora, de certo modo é exatamente o que fazemos. A nossa visão é tão limitada que apenas vemos os benefícios imediatos das ações. É esta a razão pela qual os nossos atos produzem frequentemente o resultado inverso do que desejamos. Também devemos estar conscientes de que a nossa felicidade não está separada da felicidade alheia nem pode ser obtida sacrificando os outros, enganando-os ou fazendo-lhes mal.

Não se trata de uma questão moral nem de um julgamento de valores, é a "mecânica" universal que decorre naturalmente da interdependência fundamental entre tudo o que existe.

Um ato que faz sofrer os seres e é motivado por egoísmo cria um processo negativo – como uma onda à superfície da água, um bumerangue lançado no espaço. Este movimento propaga-se como uma reação em cadeia e a sua natureza destrutiva, contundente e dolorosa transmite-se ao longo de todo o processo. Finalmente o resultado surgirá, de imediato ou após algum tempo, sob a forma de um acontecimento desagradável.

Condicionamento e determinismo

O Budismo afirma que a nossa vida está condicionada pelos efeitos a curto, médio e longo prazo das nossas ações físicas, verbais e mentais. Somos responsáveis pelos nossos atos e pelos seus resultados e portanto cabe-nos tomar as rédeas da nossa existência. Uma das principais consequências desta visão do mundo é um grande sentido de responsabilidade. Deixamos de lado a atitude pela qual fazemos o que queremos e depois acusamos de injustiça e crueldade o Criador, os outros ou o acaso. Acaba-se a inconsciência da infância: fazer todos os disparates e achar que fomos injustamente castigados. Para entender a noção de karma temos de crescer, e é bastante incômodo descobrirmos que somos responsáveis pelo que nos acontece.

Todas as ações que realizamos nascem no espírito. Mesmo quando se trata de atos irrefletidos realizados em circunstâncias extremas, a intenção precede sempre o ato, nem que seja por alguma fração de segundo. A intenção produz resultados exteriores ao dar início a uma reação em cadeia mas deixa também uma marca no nosso espírito. Ela condiciona-nos duplamente: exteriormente, dando forma ao cenário da nossa vida; interiormente, predispondo o espírito para adotar uma certa atitude diante desta ou daquela circunstância.

Deste modo, ao provocarmos sofrimento, criamos exteriormente uma reação destrutiva em cadeia e interiormente predispomos o nosso espírito a reagir de modo negativo.

Imaginemos alguém que assalta um banco. Exteriormente este ato desencadeia um processo policial; interiormente predispõe a pessoa para uma atitude violenta, por exemplo, para não se deixar capturar. A combinação destes fatores externos e internos condiciona a sua existência.

Podemos perguntar se a noção de karma implica um determinismo absoluto ou se ela deixa alguma liberdade. Talvez o leitor tenha notado que utilizei a palavra "condicionamento" para falar do karma. Com efeito, *trata-se de um condicionamento, de um índice de*

probabilidade e não de uma fatalidade. Acreditar no karma não é – como pensam alguns – tornarmo-nos seres resignados, fantoches nas mãos do destino. Muito pelo contrário, acreditar no karma significa responsabilizarmo-nos por criar o futuro a cada instante, sabendo de antemão que, em função das nossas ações, encontraremos este ou aquele cenário e teremos tendência para reagir desta ou daquela maneira. No entanto, seja qual for a situação, resta sempre um certo grau de liberdade, variável segundo as pessoas, as circunstâncias e a força do condicionamento anterior. Todos nós já estivemos em situações em que parecia não existir alternativa. No entanto, anos mais tarde, percebemos que teria sido perfeitamente possível agir de outra forma mas que, por falta de liberdade interior, isso não se verificou.

Em busca da liberdade

Quando refletimos na lei do karma, compreendemos que é essencial aprender a reagir positivamente a tudo o que nos acontece. Não fazer mal aos outros cria à nossa volta uma atmosfera calorosa e manter uma atitude de espírito construtiva predispõe-nos naturalmente ao otimismo – dois fatores que se revelam muito úteis quando atravessamos situações difíceis. Mas como podemos reagir positivamente quando tudo corre mal? Onde vamos encontrar a solução construtiva inesperada?

Esse potencial existe em nós mas geralmente só se manifesta em situações extremas. Por vezes, é nesses momentos que encontramos soluções totalmente inesperadas e eficazes. A tendência que temos para optar pela facilidade faz com que esse fato só raramente aconteça. Mas a ética que deriva da lei do karma, ao pôr um freio aos comportamentos negativos habituais, ajuda a encontrar soluções originais, a manifestar o nosso potencial de liberdade fundamental.

Frequentemente pensamos que a liberdade consiste em fazermos tudo o que queremos. Lutamos por esse objetivo, fazemos manifestações,

greves e campanhas. No entanto, como acabamos de ver, aquilo que *queremos* fazer é apenas aquilo para que nos programamos, e essa liberdade é ilusória. Ao introduzir pontos de referência, a noção de karma leva-nos a refletir, ajuda-nos a encontrar soluções originais para conflitos e problemas de consciência e ensina-nos a gerir melhor a vida. Mais do que um código moral, é um curso de gestão que não nos impõe tabelas de bem e mal, mas parâmetros flexíveis para a apreciação de cada situação em função de critérios mais abrangentes no tempo e no espaço que os habitualmente utilizados: no tempo, a preponderância do resultado a longo prazo sobre o resultado imediato e, no espaço, a total interdependência do nosso bem estar e do bem estar alheio.

As ações negativas do corpo

Vejamos então, concretamente, como funciona esta teoria. A tradição budista distingue dez ações negativas que devemos evitar. Como já disse, ações negativas são as ações realizadas com uma intenção destrutiva e que produzem sofrimento. Estas ações só são "moralmente" repreensíveis na medida em que o seu resultado é sofrimento a curto e a longo prazo, para nós e para os outros. Destas dez ações de base três são físicas, quatro verbais e três mentais.

Matar é a primeira e a mais grave das ações negativas. Não existe um só ser, mesmo um minúsculo inseto, que não possua instinto de sobrevivência, que não tente libertar-se ou fugir quando sente a sua vida em perigo. Os porcos, as vacas, as galinhas e todos os outros animais sofrem terrivelmente quando são abatidos. Uma vez que todos os seres querem viver, a morte provoca sempre uma grande angústia. Por conseguinte, de todos os atos negativos, esta é a ação mais grave. No sentido budista, matar não se aplica apenas à vida humana. Matar uma galinha, um mosquito, uma barata ou um elefante é tirar a vida.

Roubar é o segundo ato negativo. Em tibetano diz-se "apropriar--se do que não foi dado". Podemos roubar pela violência, pela fraude, pela manipulação de dados informáticos, pela publicidade, pela corrupção, enfim, de múltiplas maneiras. Embora os meios tenham evoluído muito, a essência do roubo continua a ser apropriarmo-nos daquilo a que não temos direito. Tanto os seres humanos como os animais têm o sentido do território e da propriedade. Não é por uma mera questão de honestidade que o roubo é considerado um ato negativo, mas por provocar sofrimento e nos expor diretamente a consequências desagradáveis.

A **conduta sexual imprópria** também é uma ação negativa. Na nossa época esta questão é particularmente delicada. Falaram-nos muito de pecado e a nossa herança nesta matéria é pesada. Apanhados entre os extremos do puritanismo e do amor livre, poucos sabem onde traçar a fronteira entre o que é são e o que é doentio. Neste domínio os critérios budistas relacionam-se com parceiros, momentos, maneiras e locais inadequados e não têm que ver com uma noção moral absoluta ou baseada numa lei divina.

No que diz respeito a parceiros inadequados, a falta mais grave é romper o voto monástico de castidade. Na medida em que se quebra um compromisso que, em princípio, é sagrado para quem o tomou, trata-se de um ato bastante grave. Para as pessoas laicas, o adultério é a falta mais grave e basta ver o sofrimento que causa para compreender que não se trata unicamente de uma questão de princípio. Crimes, divórcios, processos judiciais, escândalos, suicídios e depressões são algumas das consequências cotidianas deste ato negativo. Uma vez mais, trata-se de questão muito óbvia: você gostaria que a sua mulher ou o seu marido o enganasse?
A violação, a pedofilia e o incesto são outros comportamentos negativos relacionados com parceiros inadequados.

As relações sexuais durante a gravidez incluem-se nos momentos inadequados. Segundo o Budismo, o feto, que desde a concepção possui uma consciência, sofre fisicamente quando os pais têm relações sexuais.

A prática sexual em período menstrual é igualmente desaconselhável. Com efeito, o sistema médico tibetano reconhece a existência de circuitos de energia sutil no nosso corpo a que chama "veias"– por associação com os vasos sanguíneos –, mas que não têm um suporte físico reconhecido pela anatomia convencional. A energia que circula nesses canais é responsável pela saúde física e mental do ser humano. Ora, segundo esse sistema, a forma como a energia da mulher circula durante o período menstrual torna-a suscetível a ser perturbada ou perturbar o seu parceiro sexual.

Um exemplo de maneira incorreta de praticar a sexualidade é o sexo oral ou anal, e as razões são do mesmo tipo. Utilizar "portas" erradas para o ato sexual perturba as energias sutis, que deixam de circular normalmente, causando diversos tipos de perturbações físicas e mentais. Uma vez mais não se trata de dizer se é condenável. Pôr a questão nestes termos é o mesmo que perguntar se comer carne podre é um ato moral ou imoral: produz uma intoxicação alimentar e portanto é desaconselhável.

Finalmente, os textos tradicionais mencionam como locais inadequados para a prática sexual os templos ou outros locais sagrados e, no pólo oposto, ambientes muito negativos.

Apesar do fato de nossa tradição cultural não reconhecer como negativos alguns destes comportamentos sexuais, podemos tentar reconhecer as suas consequências desagradáveis.

As ações negativas da palavra

É mais fácil controlar o corpo que a palavra e, no entanto, a palavra pode ser uma arma temível. Palavras cruéis, ironias, insultos, intrigas, calúnias e particularmente a má utilização da mídia podem destruir a vida de alguém, levando-o à prisão ou ao suicídio. Em nível verbal existem quatro atos negativos.

A mentira é extremamente comum. As mentiras ditas para prejudicar alguém são as piores, seguidas daquelas que dizemos para nos desculparmos ou nos valorizarmos. Quase sem darmos por isso, mentimos para "compor" uma história. Como resultado a nossa palavra é posta em questão e as pessoas afastam-se de nós.

Semear a discórdia consiste em falar sobre alguém, presente ou ausente, com a intenção de criar desentendimentos ou separações. É prática corrente entre colegas de trabalho, em grupos de amigos, por vezes no seio das próprias famílias.

Os insultos, a linguagem grosseira e áspera são os atos verbais mais perniciosos e são também os que mais ferem e fazem sofrer. Nos dias de hoje, a linguagem tornou-se grosseira e agressiva e assiste-se diariamente à sua degradação. Os debates televisivos e radiofônicos sobre política ou futebol, por exemplo, são por vezes de uma vulgaridade francamente deplorável.

O quarto ato negativo é **o palavreado inútil**. Falar por falar, nunca deixando um minuto de silêncio, é um ato vampiresco que perturba as energias sutis do corpo e afeta o espírito. Todos nós já constatamos como as pessoas tagarelas são extenuantes. Na sua excitação constante parecem tontas e, sem darem conta, mentem, cometem indiscrições, magoam e provocam muito sofrimento inútil. O seu espírito está numa agitação constante: esquecem-se de tudo; são incapazes de manter uma conversa com nexo; fazem mil e uma perguntas sem nunca ouvirem as respostas e repetem as mesmas coisas vezes sem conta. Resumindo, são pessoas que todos evitamos e que se tornam alvo da nossa chacota.

A verbosidade da nossa sociedade "de comunicação" é um fenômeno recente. A maioria das sociedades tradicionais valorizava o silêncio e, estando unidas por laços muito mais estreitos, as pessoas se comunicavam também de outras formas. A intensificação da comunicação verbal na nossa sociedade pode ser interpretada como uma compensação para o crescente sentimento de solidão e de separação de que sofre o homem moderno.

Sobre esta questão penso que é importante acrescentar algumas palavras sobre a comunicação social. Trata-se de uma profissão diretamente relacionada com o uso da palavra e na qual a mais elementar ética nem sempre é respeitada. Para certos profissionais, o fato de as informações que veiculam serem deformadas, incompletas ou provenientes de fontes pouco fidedignas é irrelevante. Há jornais mundanos que inventam notícias sensacionalistas sobre a vida privada de personalidades públicas com vistas apenas ao lucro. Apesar das indenizações a que são condenados por difamação, os lucros da venda desses escândalos são consideráveis. Os meios de comunicação mal utilizados geram muito sofrimento e podem levar suas vítimas ao suicídio. Seja como for, é claro que se trata de atos extremamente negativos e que comprar e consumir tal literatura nos torna cúmplices do mesmo karma.

Felizmente nem toda a imprensa é assim. A boa utilização da mídia é de grande utilidade na denúncia de crimes, injustiças e roubos, manipulação, corrupção e outros comportamentos perigosos para a sociedade. Seria muito importante que os profissionais da informação estivessem conscientes da sua responsabilidade na manipulação da opinião pública e cultivassem uma boa ética profissional.

As ações negativas do espírito

Podemos facilmente compreender que as ações físicas e verbais tenham consequências, mas como falar de atos mentais?

O nosso espírito está na base de todas as ações e, por conseguinte, são as ações do espírito as mais importantes e as mais determinantes. Além disso, diz-se que o karma depende sobretudo da intenção e portanto é muito importante dominar o espírito.

Pode parecer estranho que a intenção tenha tanta importância na realização de um ato mas, quando refletimos melhor, chegamos à conclusão de que, mesmo segundo os critérios humanos, a intenção é muito mais importante que o ato em si. Por exemplo, se formos

atropelados, embora as consequências físicas possam ser idênticas, o sofrimento não é o mesmo se o carro que nos atropelou teve uma avaria nos freios, se o condutor estava embriagado ou se soubermos que fez de propósito. É mais difícil perdoar a quem quis matar e não o fez do que a quem tenha matado sem querer. Mesmo as leis humanas reconhecem circunstâncias agravantes para o crime premeditado e atenuantes para o que foi cometido por uma pessoa que não esteja em plena posse das suas faculdades. Um ato não intencional é como a pegada quase imperceptível que fica num solo muito duro, enquanto um ato intencional é como a marca profunda que se imprime num solo argiloso. Desnecessário dizer que a profundidade da marca depende da força da intenção.

Em nível mental a primeira ação negativa é a **cobiça** que consiste em desejar que sejam nossos os bens, as qualidades e a felicidade de outrem. É um autêntico veneno que nos atormenta constantemente, impede-nos de apreciar a vida e constitui um obstáculo para a nossa felicidade.

A segunda atitude mental negativa é a **malevolência**, o fato de desejar prejudicar os outros. Qualquer que seja a sua manifestação, a malevolência envenena a nossa existência e causa sofrimento mesmo que não se exprima exteriormente. Querer mal aos outros é como ter uma ferida dentro de nós.

A terceira atitude é muito mais sutil e também muito mais prejudicial. Trata-se da **visão falsa**. Os textos tradicionais chegam a considerá-la mais negativa que o próprio ato de matar. Por visão falsa entende-se o fato de negar a lei de causalidade, de afirmar que as ações positivas não geram bem estar, que as ações negativas não provocam sofrimento e que o renascimento não existe. São atitudes extremamente nocivas, pois quando negamos a lei do karma deixamos de distinguir as fontes da felicidade das causas do sofrimento. Mesmo as ações positivas realizadas por alguém cuja disposição de espírito é adversa à lei do karma não têm o mesmo poder benéfico.

Tratando-se de conceitos alheios à nossa cultura, é normal que de início os aceitemos com uma certa reserva. O que é nocivo é recusarmos a noção de karma com uma atitude completamente fechada, sectária e hostil.

Uma manifestação bem mais frequente desta atitude obstinada e sectária consiste em não aceitarmos a ideia de que é possível e interessante modificar voluntariamente o nosso comportamento. Não nos podemos esquecer que a noção de karma, enquanto processo dinâmico que nós mesmos criamos e dirigimos, é a base da abordagem budista do treino do espírito como método para alcançar a felicidade temporária e definitiva. A recusa categórica desta possibilidade constitui portanto um obstáculo grave à felicidade e as suas consequências são muito negativas.

Buda disse que o espírito é o criador de toda a felicidade e de todo o sofrimento do mundo. O caminho que ele ensinou é o de uma busca interior e baseia-se no princípio de que a felicidade não é algo que vem do exterior, mediante a satisfação das necessidades e dos desejos, mas uma capacidade interior que é possível desenvolver.

O grande Mestre indiano Shantideva dizia que para não machucarmos os pés é mais fácil usar sandálias que cobrir as estradas de couro. No Ocidente, em geral, para sermos felizes procuramos controlar os fenômenos, mudar o mundo e os seres. Mas temos de reconhecer que se trata de uma tarefa esgotante e estéril. Seria, sem dúvida, mais fácil e mais útil mudarmos o nosso próprio espírito. Com efeito, é dentro de nós que reside o segredo da felicidade. Sem cobiça, sem malevolência e sem visões erradas temos mais aptidão para a felicidade que estando constantemente sob a influência desses venenos.

As ações positivas

Embora a ética de vida baseada no abandono das dez ações negativas seja muito importante, não é suficiente. O abandono destas ações é uma ética pela negativa mas temos de ir mais além e cultivar qualidades dinâmicas, agir positivamente. Por exemplo, depois de ter ouvido falar na lei do karma, um caçador deixa de caçar. É o primeiro nível de ética: abster-se de matar. Mas quando encontra um animal preso numa armadilha pode continuar o seu caminho ou decidir libertá-lo e salvá-lo de uma morte certa. *Enquanto no primeiro caso ele apenas se abstém de matar, no segundo está protegendo ativamente a vida.*

Assim, há dois níveis de comportamento positivo: abster-se das ações negativas e cultivar as ações positivas que são a sua antítese. Quais são elas?

Fisicamente:

1. **Proteger a vida**: salvar a vida de seres humanos ou animais em perigo e praticar tudo o que contribua para a sua sobrevivência e qualidade de vida.
2. **Ser generoso**: oferecer bens materiais, tempo e energia aos que necessitam de ajuda. Não é preciso ser rico para ser generoso. Um sorriso, uma palavra amigável, um olhar, um minuto de atenção valem mais que milhares de dólares.
3. **Ter uma ética sexual correta**: respeitar os nossos parceiros sexuais, não os considerando como meros objetos de prazer. Pelo contrário, procurar oferecer-lhes o bem estar, a ternura e o prazer que merecem.

Verbalmente:

1. **Dizer a verdade** mesmo quando não é fácil. Deve-se ter atenção para não confundir sinceridade com brutalidade. Não é necessário chamar gordo a alguém que é obeso só porque é verdade. A verdade "difícil de dizer" é a que *nos* põe em xeque, que *nos* causa desconforto ou problemas, mas que deve ser revelada *por razões altruístas.*

2. **Utilizar a palavra para aproximar os seres**: podemos utilizar a palavra para reconciliar duas pessoas que dificilmente se comunicam, lembrando a uma as qualidades da outra, repetindo palavras simpáticas ditas por uma na ausência da outra, servindo de ponte entre as duas quando se encontram juntas, amortecendo o choque de pontos de vista diferentes, estabelecendo a comunicação, desfazendo mal-entendidos, etc.
3. **Falar com bondade**: falar com bondade não é sinônimo de fraqueza, não nos põe à mercê dos superiores nem faz com o que os subalternos deixem de nos respeitar. Uma advertência justificada não tem de ser um insulto nem tem de ser dita num tom agressivo ou grosseiro. Por outro lado, um comentário simpático, um encorajamento, uma pequena atenção podem ajudar muito alguém numa situação difícil.
4. **Dizer coisas com sentido**: qual é a utilidade de estar sempre a emitir opiniões? Será assim tão importante o que pensamos? Quem se interessa pelo relatório circunstanciado das nossas férias, os pormenores das nossas desavenças conjugais, a descrição completa dos nossos gostos e preferências? Não somos artistas de cinema nem seres excepcionais e não andamos na primeira página das crônicas mundanas. Perdemos muitas ocasiões de ficar calados e por vezes omitimos o nosso testemunho numa questão vital. Devíamos tentar falar menos de assuntos triviais e inúteis e mais do que é verdadeiramente significativo.

Mentalmente:

1. **Regozijar-se com os bens e as qualidades de outrem**: ficar contente quando alguém alcança o que deseja. O fato de cobiçar os bens ou as qualidades de outra pessoa não nos dá aquilo que ela possui, envenena a nossa existência e impede-nos de apreciar o que temos. A cobiça faz-nos sofrer pelo que temos e pelo que não temos. É um perfeito desperdício, um ato de masoquismo completamente estúpido. Ao contrário, quando nos regozijamos com o bem alheio, não só apreciamos aquilo que temos como também aquilo que os outros têm. Ou seja, somos felizes pelo que temos e pelo que não temos.

2. **Cultivar a benevolência**: ajudar os outros, fazer tudo o que está ao nosso alcance para lhes facilitar a vida, para os ajudar a desenvolver as qualidades que possuem, etc. Quando temos dificuldade em desejar o bem de alguém pensemos, como argumento para vencer a nossa mesquinhez, que se essa pessoa fosse feliz seria, com certeza, mais simpática.
3. **Cultivar uma visão correta**: depois de ter ouvido falar na lei de causalidade, no renascimento e nas ações positivas e negativas, tentar aprofundar a nossa compreensão e aplicar este conhecimento a todas as circunstâncias. A visão correta e a confiança na lei do karma ajudam-nos a gerir melhor a nossa vida e abrem-nos para a perspectiva de que *é possível perder os hábitos destrutivos, adquirir hábitos construtivos e alcançar a felicidade para nós e para os outros.*

Muitas pessoas acham utópico cultivar esta atitude no mundo de hoje. Têm a impressão de que se forem "boazinhas" todos se vão aproveitar delas, as vão explorar, enganar e ridicularizar. Mas adotar uma conduta ativamente positiva não significa tornar-se um pobre diabo nem um bode expiatório. A atitude ética tem uma grande força intrínseca que acaba por vencer mesmo as situações mais difíceis. Basta-nos ver como Sua Santidade o Dalai Lama conseguiu reverter a favor do povo tibetano e do Budismo uma situação tão adversa e tão revoltante quanto a invasão chinesa. Ao tornar-se o porta-voz de uma alternativa pacífica para a solução dos problemas, beneficiou o mundo inteiro. Temos de reconhecer que Sua Santidade não tem ar de uma pessoa que todos enganam e exploram mas que, pelo contrário, emana uma confiança, uma serenidade e uma bondade que tocam profun-damente quase toda a gente. É óbvio que não se pode atingir o mesmo resultado em três meses mas o Budismo baseia-se no princípio de que tudo é uma questão de treino. E não é verdade que, se formos sinceros, generosos, bondosos, conciliadores e capazes de nos regozijar com o bem alheio, as pessoas terão prazer em estar conosco e seremos mais felizes?

As quatro fases de uma ação

As ações que realizamos, sejam elas positivas ou negativas, têm diferentes graus de "impacto kármico". Consideremos primeiro os atos negativos: das três atitudes negativas de base – cólera, desejo e falta de discernimento – a cólera é a mais destrutiva e portanto as ações cometidas sob o seu impulso têm os resultados mais graves.

Quais são os parâmetros que definem o impacto kármico de uma ação? Uma ação está completa quando comporta quatro fases:

1. **A intenção**: matar, roubar, cometer um ato sexual negativo, etc. com a intenção de o fazer. Por exemplo, ver um animal e querer matá-lo, ver um objeto e querer roubá-lo, etc. Como se disse, das quatro fases a intenção é a mais importante.
2. **O ato em si**: disparar a espingarda, meter o objeto no bolso, etc.
3. **O resultado do ato**: o animal morre, levamos o objeto roubado, etc.
4. **O regozijo**: constatar com satisfação que o animal morreu, ficar contente por possuir o objeto, etc.

Como podemos constatar, nem todas as ações comportam estas fases. É possível matar um inimigo involuntariamente, num acidente, mas regozijar-se com isso; querer matá-lo e não conseguir disparar a pistola; disparar mas falhar ou matá-lo e arrepender-se imediatamente. A gravidade dos efeitos de uma ação aumenta de forma proporcional ao número de fases que comporta.

Também nos acontece ferir alguém física ou verbalmente a partir de uma boa intenção. Neste caso, como o ato causa sofrimento, o resultado deveria ser negativo mas, como a intenção foi boa, o efeito é bem menos destrutivo.

Os resultados mais negativos são produzidos por ações cometidas sob o impulso de uma emoção poderosa ou por ações que cometemos repetidamente. Devemos também ter em conta o ser a quem fazemos mal: uma ação feita contra um ser humano é mais grave do que uma

ação feita contra um animal; uma ação realizada contra um ser humano cujos atos sejam muito benéficos é mais grave ainda e uma ação realizada contra um grupo de pessoas é mais grave do que uma ação cometida contra uma só pessoa. De todas as ações cometidas contra seres humanos as mais graves são as que realizamos contra os nossos pais ou o nosso Mestre espiritual.

Os mesmos parâmetros aplicam-se às ações positivas. Diz-se que as ações positivas realizadas sem motivação particular produzem resultados medíocres. Por exemplo, no exercício da sua profissão um enfermeiro cuida de muitas pessoas mas, se não tiver uma intenção positiva e não se regozijar quando um doente se cura, não obtém grandes resultados da sua atividade benéfica. Portanto, é importante aplicarmos o conhecimento da lei da causalidade tanto às ações positivas como às ações negativas.

Como vimos anteriormente a motivação é fundamental. Quando realizamos ações positivas – salvar a vida de um animal, ajudar uma criança ou um doente, falar com alguém que sofre, etc. –, devemos pensar que gostaríamos de erradicar definitivamente o sofrimento de todos os seres. Em seguida realizamos o ato, regozijamo-nos e fazemos votos de poder voltar a fazê-lo. O simples fato de desejar ajudar alguém, mesmo não podendo, já produz resultados positivos para nós e para os outros.

Tal como os atos negativos, os atos positivos também são mais poderosos quando realizados para com certos seres: Mestres, instrutores espirituais, religiosos, pessoas cuja existência é dedicada ao bem alheio, pais, doentes ou visitantes vindos de longe. As ações positivas repetidas com frequência são mais poderosas que as realizadas esporadicamente.

Talvez tudo isto lhe pareça um pouco simplista, até mesmo interesseiro. Muitas pessoas acham que agir positivamente para obter a felicidade é uma atitude calculista e hipócrita. É possível, mas nesse caso o caracol que temos o cuidado de não esmagar e a pessoa a quem damos um pouco de carinho se beneficiam mais com a nossa hipocrisia do que se teriam beneficiado com a nossa sinceridade. O nosso gesto, mesmo sendo calculista, traz bem estar a nós e aos outros.

Além do mais, se de início a nossa atitude é um pouco forçada, com o tempo ela se torna naturalmente positiva, espontânea e sincera. E o que é uma atitude espontânea e sincera senão um comportamento que repetimos até se tornar natural? O princípio do Budismo é exatamente esse: *o nosso espírito tem um potencial infinito para ser feliz ou para se atormentar e cabe a nós decidir o que queremos.*

Os efeitos

A tradição budista fala de diferentes efeitos para os nossos atos. Como vimos, cada ação dá origem a um processo, uma reação em cadeia da qual não vemos necessariamente todas as fases. Os textos comparam este potencial kármico a um pássaro voando. Enquanto voa muito alto não vemos sua sombra mas assim que pousa ela aparece imediatamente. Do mesmo modo, as ações realizadas há muito tempo podem estar amadurecendo sem nós sabermos. Em determinado momento, os seus resultados tornam-se visíveis e há um momento mais ou menos longo durante o qual sentimos o seu **pleno efeito**. No decurso do processo de amadurecimento de um ato, todas as nossas atitudes continuam a influenciar o resultado final mas, no momento do pleno efeito, só nos resta vivê-lo da melhor maneira possível, tentando não acumular mais karma negativo para o futuro. *O pleno efeito faz-se sentir enquanto dura o poder da ação que o provocou e desaparece assim que este se esgota.*

De maneira geral, quanto maior é o impacto kármico de uma ação, mais depressa o seu resultado se faz sentir. Ou seja, os resultados de um crime provocado por um ódio intenso manifestam-se antes dos de uma mentira dita por orgulho.

Se realizamos o mesmo número de atos positivos e negativos, a natureza dos atos realizados no final da vida determina qual dos dois karmas – positivo ou negativo – amadurece primeiro. Em especial, os pensamentos que temos no momento da morte são decisivos quanto ao karma que se manifestará no início da próxima vida.

Uma outra constante kármica é que a natureza dos resultados é **semelhante à da causa.** O **aspecto ativo** desta constante encontra-se nas nossas tendências psicológicas e podemos associá-lo ao poder dos hábitos. O fato de realizarmos uma ação uma vez cria uma predisposição para a realizarmos de novo e, quanto mais a repetimos, mais a tendência se fortalece. A partir de um certo ponto podemos chegar a pensar que essa tendência é inerente à nossa natureza. Quanto mais um hábito está arraigado, mais dificuldade temos em reconhecê-lo e em querer abandoná-lo.

Assim, desde muito pequenas, certas crianças têm prazer em matar formigas, outras salvam-nas quando estão se afogando; algumas mentem ou roubam compulsivamente, enquanto outras nunca dizem uma mentira. Todas essas tendências vêm de vidas anteriores.

O **aspecto passivo** cria uma predisposição para sermos vítimas de atos semelhantes aos que cometemos no passado. Mas cuidado: não se trata de uma lei de Talião “olho por olho, dente por dente”. É mais como uma espécie de “ressonância” kármica que nos põe em contato com determinadas situações. Podemos observar que certas pessoas têm tendência para atrair sempre o mesmo estilo de problemas, de situações e de pessoas. Há nelas uma ressonância que atrai um certo tipo de fenômenos. Esta ressonância age conforme a causa.

Quem matou tem uma vida curta com inúmeros acidentes e problemas de saúde. Sua vida está frequentemente em perigo, vive em lugares onde a assistência médica é má ou inexistente, onde não há medicamentos, ou então cai nas mãos de profissionais desonestos e terapeutas incompetentes.

Quem roubou é pobre e o pouco que possui é-lhe retirado, destruído por desastres naturais ou usurpado pelos inimigos. Esforça-se em vão por adquirir os bens materiais necessários à subsistência, perde frequentemente dinheiro e objetos diversos e tem tendência para ser roubado.

Quem teve má conduta sexual tem um cônjuge feio, que se com-porta como um rival, que o tiraniza e o engana. Tem uma vida sentimental atribulada, com muitas ligações e filhos de vários casamentos.

Quem mentiu é criticado, enganado, humilhado publicamente e acusado sem razão. Ninguém acredita nele e a sua palavra é constantemente posta em causa.

Quem semeou a discórdia está rodeado de querelas, no seio da família e no ambiente profissional, e ninguém lhe dá ouvidos.

Quem usou palavras ásperas é constantemente insultado e maltratado e as suas palavras provocam sempre desentendimentos.

Quem falou demasiado não é escutado, não tem qualquer credibilidade e sente-se muito inseguro quando tem de falar em público.

Quem cobiçou nunca consegue alcançar os seus fins e é constantemente confrontado com situações indesejáveis.

Quem foi malevolente vive numa angústia permanente, obcecado com o mal que os outros lhe podem fazer.

Quem adotou visões falsas simpatiza com filosofias erradas, professa crenças nocivas, é atraído por falsos mestres espirituais, rejeita violentamente a lei do karma e tem uma atitude obstinada, negando a possibilidade de uma transformação interior.

O **efeito condicionante** afeta o meio ambiente. O local de nascimento, o meio social, o clima, as espécies vegetais e animais presentes no lugar em que vivemos têm a ver com o karma. É o karma comum dos seres que os leva a viver num certo país, numa dada região, numa determinada família ou grupo social.

Como a noção de karma se prolonga naturalmente na ideia de renascimento, temos de procurar nos renascimentos passados as causas das diferenças que existem na vida dos homens. É o karma dos seres que dá forma ao mundo e os seres povoam-no em função as suas ressonâncias kármicas específicas.

Quem matou vive em paisagens tristes, em lugares cheios de precipícios e de perigos. Quem roubou vive em países onde há fome, onde os elementos destroem as culturas, onde as árvores não dão frutos. Quem teve uma conduta sexual imprópria vive em locais insalubres, atulhados de imundícies, atolados na lama e nos excrementos, em lugares onde as condições de higiene são inexistentes.

Quem mentiu tem uma vida muito instável e um espírito confuso. Quem semeou a discórdia vive em lugares com grandes ravinas e falésias, onde é difícil deslocar-se. Quem usou palavras ásperas vive em lugares onde tudo tem arestas e asperezas, onde a terra é pedregosa e os arbustos têm espinhos. Quem falou demasiado vive em locais onde a terra é estéril e as estações estão alteradas.

Quem cobiçou vive em locais onde as colheitas são escassas e a paisagem inóspita. Quem foi malevolente vive em lugares onde os perigos são múltiplos e onde o medo é constante. Quem adotou falsas visões tem pais humildes e vive em lugares onde é difícil encontrar abrigo e seres que o protejam.

O quarto efeito é o **efeito prolífico.** Cada ação produz outras de natureza semelhante. Uma mentira obriga a outras mentiras, a violência conduz à violência. Um processo, seja ele positivo ou negativo, tem tendência para se amplificar e ganhar força, atraindo inúmeros fatores concomitantes, como um ímã, e convergindo numa dada direção, como a corrente de um rio.

Estes mesmos efeitos aplicam-se aos atos positivos. O **pleno efeito** dos atos positivos proporciona-nos constantemente circunstâncias favoráveis em que o bem estar alheio e o nosso estão associados. O **efeito ativo semelhante à causa** faz com que tenhamos uma atitude de espírito positiva e sejamos naturalmente bondosos e atentos aos outros. Os **efeitos passivos semelhantes à causa** são: se protegemos a vida, temos uma longa vida sem acidentes nem doenças; se fomos generosos nascemos numa família abastada onde nada nos falta; se tivemos uma ética sexual correta temos um cônjuge atraente, fiel, que gosta de nós, nos respeita e com quem vivemos em harmonia; se dissemos a verdade todos gostam de nós e apreciam as nossas qualidades; se reconciliamos os seres vivemos em harmonia e somos respeitados; se falamos com bondade, ouvimos palavras agradáveis; se dissemos palavras significativas temos uma autoridade natural e somos obedecidos; se nos regozijamos com o bem dos outros, conseguimos levar a cabo

tudo o que empreendemos; se desejamos o bem, todas as circunstâncias são em nosso favor; se cultivamos uma visão justa somos inteligentes e possuímos uma grande capacidade de discernimento.

O **efeito condicionante** faz com que vivamos em lugares agradáveis, com um clima temperado, onde há plantas medicinais e não há fome nem epidemias.

Quanto ao **efeito prolífico**, quando nos envolvemos em atividades positivas a nossa atitude não passa despercebida. Pouco a pouco ganhamos a estima das pessoas que nos rodeiam e as solicitações e responsabilidades multiplicam-se. Diante de situações em que temos de escolher entre o interesse pessoal e o bem alheio, deixamos de escolher o primeiro. Mesmo que as responsabilidades nos pesem, não temos coragem de as abandonar pois sabemos que muitas pessoas contam conosco. Tal como somos arrastados, pela engrenagem das ações negativas, para situações cada vez mais dolorosas, também somos compelidos, pelo poder da compaixão, para abandonarmos o egoísmo e adotarmos uma atitude cada vez mais altruísta.

Todos estes efeitos podem aparecer separadamente ou combinados, em função do poder kármico, positivo ou negativo, das nossas ações. *Mas Buda afirmou categoricamente que ninguém escapa ao resultado do que semeou nem experimenta os resultados do que não fez.*

Encontramos à nossa volta seres que visivelmente trazem consigo um passado de ações negativas. Acontecem-lhes desgraças uma atrás da outra, estão sempre doentes, vivem em lugares desagradáveis e imundos, têm dificuldades de subsistência, são grosseiros, mentirosos e toda a gente os evita. Outros são ricos, bonitos, possuem qualidades de coração, são queridos nas suas famílias e imensamente respeitados pelos seus colegas. Sabem criar harmonia no ambiente familiar e profissional, são naturalmente escutados e obedecidos sem terem de se impor pela força nem falar asperamente.

O empobrecimento dos recursos naturais, a contaminação da água, do ar, da terra e dos alimentos a que assistimos presentemente

são sinônimos da degeneração do karma positivo dos habitantes do planeta. As alterações das estações, as guerras, a fome, as doenças incuráveis, etc., são o resultado dos desequilíbrios provocados por erros éticos generalizados. É importante compreendermos que, se queremos mudar este estado de coisas, os nossos esforços no campo da ecologia têm de se apoiar sobre uma ética de vida correta.

Karma coletivo e karma pessoal

Portanto, segundo os ensinamentos budistas, a nossa maneira de ver o mundo é o resultado do karma. Em um certo nível isso é facilmente compreensível: por exemplo, um assassino em fuga não vê o mundo com os mesmos olhos que uma moça bonita. Se ambos entram num café e os clientes olham para eles, o assassino sente-se em perigo enquanto a jovem se sente admirada. Para ele os clientes representam um perigo latente, para ela admiradores potenciais. Daí nascem reações muito diferentes – agressiva num caso, sedutora no outro – e com impactos diferentes nos clientes do café. É fácil compreender que, com o tempo, cada tipo de atitude cria uma maneira de olhar para o mundo e um estilo de percepções, provocando reações diferentes no nosso meio ambiente.

À medida que essa tendência se acentua, as nossas percepções mudam. Começamos a procurar a companhia de pessoas que partilham a mesma maneira de ver o mundo e a reforçam em nós e escolhemos um ambiente com o qual sentimos afinidade. É assim que o karma comum dos seres os aproxima e fortalece a sua maneira de ver o mundo.

Levando esta visão às suas últimas consequências, o Budismo fala-nos de seis "mundos"[5] e afirma que nessas diferentes formas de

[5] Ver capítulo seguinte: "O Ciclo dos Renascimentos".

existência é o karma comum que permite aos seres partilharem as mesmas percepções.

Se considerarmos o exemplo do Tibete, podemos perguntar-nos como é que um povo que viveu pacificamente durante tantos séculos pode ter sido alvo de uma invasão tão violenta e tão devastadora. Segundo a lei do karma, numa situação como esta, os tibetanos que sofreram a invasão não eram necessariamente os mesmos que tinham vivido pacificamente nos séculos anteriores. Quando se fala de karma coletivo não se quer dizer que os seres que experimentam um resultado comum tenham cometido uma ação negativa em conjunto. O que se passa é que todos os seres que cometeram o mesmo tipo de atos negativos renascem num lugar onde vão experimentar um resultado comum como povo.

Um processo interativo

A tradição budista compara as ações a sementes deitadas à terra. A partir do momento em que foram semeadas vão produzir frutos: um bago de trigo vai dar trigo, uma semente de maçã vai produzir uma macieira.

Na filosofia budista existem vários pontos de vista quanto à maneira como essas sementes são guardadas. Um deles afirma que são conservadas no *alaya* ou *kunshi*, em tibetano, literalmente "a base de tudo", ou consciência fundamental, totalmente neutra, nem positiva nem negativa. É aí que permanecem as sementes kármicas durante a vida, o estado intermediário e a próxima existência, sob a forma de tendências habituais e condicionamentos externos e internos.

No caso de uma semente, o crescimento depende da conjugação de diversos fatores. Do mesmo modo, quando cometemos uma ação negativa podemos influenciar o seu resultado, ou mesmo neutralizá-lo completamente, contrapondo-lhe uma ação positiva de natureza contrária. Por exemplo, se matamos alguém, podemos libertar animais

destinados a serem abatidos, salvar seres humanos ou insetos, etc. Pode parecer absurdo salvar a vida de um animal que vai ser abatido dias ou meses depois. Mas, se fôssemos condenados à morte, quanto não daríamos para prolongar a nossa vida nem que fosse por um dia? A vida é um bem tão precioso que não há dinheiro que pague alguns instantes de vida.

Podemos facilmente ir a um viveiro ou ao mercado comprar caranguejos, lagostas e outros mariscos e libertá-los no mar, salvando--os assim de serem atirados vivos na água fervente. Embora sejam apenas algumas vidas, se tivermos a intenção de salvar e libertar do sofrimento todos os seres vivos, essa ação tem um poder muito especial.

A maneira de neutralizar o roubo é através de uma atitude generosa, dando esmolas e fazendo dádivas. Os ensinamentos budistas dizem que para neutralizar ações particularmente negativas é bom escolher, como objeto dos nossos atos positivos, seres que pela sua natureza potencializa a nossa ação: mestres espirituais, religiosos sinceros, pessoas que se consagram a ajudar os outros, nossos pais, pessoas doentes, etc. Certos lugares, momentos ou situações particulares podem igualmente aumentar o poder das nossas ações. Existem ainda outras técnicas para neutralizar as ações negativas que implicam práticas de meditação budistas. Desnecessário dizer que uma ação muito negativa também neutraliza o poder das ações positivas. Uma grande explosão de cólera, por exemplo, tem esse poder.

Por outro lado, desde o momento em que uma ação é realizada até o momento em que amadurece, todos os atos realizados influenciam o seu resultado, acrescentando circunstâncias agravantes ou atenuantes. Por exemplo, se cometemos uma ação negativa cujo resultado é uma doença grave, mas posteriormente agirmos com bondade e ganharmos a afeição de muitas pessoas, criamos circunstâncias que vão atenuar o nosso sofrimento quando a doença se manifestar. Se, pelo contrário, continuamos a fazer mal aos seres, a ser agressivos e intolerantes, a má vontade dos nossos parentes e amigos será uma circunstância agravante.

Portanto, uma vez mais, o karma não é um destino fixo, mas um processo interativo cujos parâmetros são alterados a cada instante. Cada opção que tomamos modifica a nossa trajetória. Não somos completamente manipulados pelas circunstâncias, mas determinamos a nossa vida, quer estejamos ou não conscientes disso.

Causas e circunstâncias

Embora possa parecer simples à primeira vista, a lei do karma tem muitas sutilezas. Dos inúmeros fatores que se combinam para que uma situação possa ocorrer, temos de distinguir dois aspectos que se chamam, em tibetano, *gyu* e *kyen* e que podemos traduzir por causas e circunstâncias.

Imaginemos alguém que é assaltado na rua: para que isso aconteça, tem de haver uma causa no seu karma, como o fato de ter roubado em outras vidas. No entanto, para que o efeito dessa causa se manifeste, é necessário um ladrão, um lugar escuro, uma hora tardia, em resumo, um conjunto de circunstâncias.

A distinção entre causas e circunstâncias é muito importante, pois existem situações em que a nossa intervenção afeta circunstancialmente a vida de outra pessoa. Os exemplos são inúmeros: a inexperiência de um médico do pronto-socorro de um hospital pode ser a causa circunstancial da morte de um doente; um pouco de água entornada involuntariamente num pavimento escorregadio pode provocar a queda de alguém e a fratura de uma perna; uma frase dita num jantar entre amigos pode mudar a vida de uma pessoa que está presente ou mesmo ausente. A vida é repleta de situações deste tipo.

É igualmente importante fazermos esta distinção quando somos confrontados com situações difíceis, pois estas dependem quase sempre da intervenção de terceiros. Temos de compreender que, mesmo se o médico cometeu um erro de diagnóstico, ele é apenas a causa circunstancial da morte de alguém, uma espécie de agente kármico, pois a

causa mais profunda – aquela que provocou a doença e fez com que fosse, por exemplo, aquele médico e não outro – se encontra no karma passado da pessoa em questão.

É evidente que o grau de responsabilidade kármica da pessoa que intervém circunstancialmente depende do seu envolvimento consciente. Um ladrão tem a intenção de roubar e portanto, mesmo sendo agente circunstancial na vida de outra pessoa, é plenamente responsável pelo seu ato. Por outro lado, o médico inexperiente, que tudo faz para salvar a vida de alguém mas a quem faltam os conhecimentos necessários, não tem a plena responsabilidade da morte do doente. No entanto, o fato de se encontrar no pronto-socorro no momento em que dá entrada aquele doente também é o resultado de uma ressonância kármica para a qual existe forçosamente uma causa negativa no passado do médico. Nada acontece por acaso. Tudo é sempre o resultado de um encadeamento de causas e condições.

Pode acontecer que uma ação motivada por uma intenção positiva seja circunstância negativa na vida de outra pessoa. Por outro lado, tendo uma intenção negativa, uma pessoa pode intervir de modo violento na vida de outra e a atitude de coração desta última transformar positivamente essa intervenção. Foi por ter sido maltratado pelos seus tios que Milarepa, um dos maiores mestres e poetas do Tibete, enveredou pela via religiosa e atingiu a libertação espiritual. Por isso ele acabou por considerá-los as pessoas que mais tinham contribuído para a sua felicidade.

É importante compreendermos que a maneira como interpretamos as intervenções alheias na nossa vida contribui para melhorar ou piorar o karma dos outros. Assim, em virtude da profunda interdependência que existe entre todos os seres, podemos alterar a nossa vida e a dos outros de modo importante e significativo.

Resumindo: No que concerne à nossa intervenção na vida alheia, o fato de agirmos sempre com uma boa motivação traz um grande bem estar e permite ter uma influência positiva sobre os outros, direta ou indiretamente.

No que concerne à intervenção alheia na nossa vida, seja o que for que nos acontecer, nunca podemos esquecer que os outros são meros agentes circunstanciais e que os verdadeiros responsáveis somos nós.

Esta questão é bastante complexa e sutil. Que o leitor não se desencoraje se não conseguir apreendê-la logo de início. Verá que, à medida que o seu espírito se habituar a esta forma de pensar, o funcionamento da lei de causalidade se tornará cada vez mais evidente.

Os encontros kármicos

Porque razão saímos de casa uma manhã e, ao passarmos exatamente pelo mesmo lugar de sempre, nos cai uma telha na cabeça? Porque no dia em que recebemos o pagamento nos roubam a carteira? Por que temos a impressão de já conhecer pessoas que vemos pela primeira vez? Como se explicam certas coincidências? Tudo isso é o resultado do karma.

Porém, enganamo-nos muitas vezes sobre o sentido desses encontros. Temos uma visão um pouco simplista e imaginamos que somos roubados por quem roubamos ou que temos de matar quem nos matou. É possível, mas não é necessariamente verdade. Como acabei de explicar, existem causas primárias e secundárias e na maior parte das vezes somos meros agentes kármicos na vida dos outros.

Uma outra ideia popularmente aceita é que certos encontros ou acontecimentos têm um caráter implacável. Temos a impressão de que estão "escritos" no nosso destino, o que significaria, por exemplo, que tal dia a tal hora, ao atravessarmos a rua, iríamos ser atropelados. Efetivamente Buda afirmou que, se nada fizermos que neutralize as nossas ações, elas produzem inevitavelmente um resultado. Por outro lado, os fatores que concorrem para uma dada situação são tantos que é impossível saber exatamente a forma que a ela irá tomar. Em outras palavras, quando a causa primária é muito forte e o processo kármico chegou a termo, de uma forma ou de outra, as circunstâncias

reúnem-se, dando-nos a sensação de que tudo concorre na mesma direção e que é impossível evitá-lo. No entanto, embora a causa primária produza inevitavelmente um resultado, existe um grau de incerteza e de probabilidade na forma como ela se irá manifestar. Retomando o exemplo, o fato de termos atentado contra a vida faz com que a nossa vida esteja em perigo, mas não determina que seja por atropelamento, não marca o dia, a hora ou o local. Por conseguinte, a noção de karma não corresponde à noção popular de *destino*.

A divulgação da noção de karma e de renascimento pode gerar uma outra ideia falsa e levar-nos a pensar que a pessoa que amamos será sempre a mesma, que os nossos astuais amigos serão sempre nossos amigos. A lei do karma é muito complexa e não há nada mais aleatório que o local ou as condições do renascimento. Decerto não é a primeira vez que encontramos o nosso cônjuge ou os nossos filhos, mas quem sabe que tipo de relações tivemos na vida anterior?

Um discípulo de Buda, mendigando a única refeição do dia – como era a regra dos monges nessa época –, chegou a uma aldeia e viu, sentado à soleira da porta, um homem que comia um peixe e tinha uma criança no colo. Ao acabar de comer, atirou a espinha a uma cadela que a comeu sofregamente e pediu mais. O homem, irritado, atirou-lhe uma pedra.

Num instante de intuição o discípulo de Buda viu como esta situação se ligava com as vidas anteriores dos seus participantes. O peixe fora pai do homem nessa mesma vida, a cadela a sua mãe e a criança um inimigo que esse homem tinha morto numa vida anterior e que, pelo poder da ligação kármica, renascera como seu filho. Perante tal espetáculo, o discípulo disse esta quadra:

> Comer o pai e bater na mãe,
> Tomar no regaço o inimigo que se matou,
> Uma mulher a comer os ossos do marido...
> Este *samsara* é uma farsa!

Esta história é um exemplo tão perfeito que tem sido transmitida oralmente há mais de dois mil anos. Por incrível que nos pareça, é uma ilustração magnífica dos laços kármicos que nos unem uns aos outros. Muita gente a considera pueril, ridícula ou difícil de aceitar, mas, mesmo não indo tão longe, basta o decurso de uma só vida para constatarmos como as relações entre os seres se transformam, por vezes radicalmente. Amigos viram-se contra nós; inimigos salvam-nos a vida; filhos matam os seus próprios pais; e aqueles casais que de início só a muito custo se separavam por alguns instantes, quantas vezes não acabam nos bancos do tribunal, lutando como inimigos mortais! Neste mundo nada está ganho, nada está perdido e tudo é incerto.

Além do mais, segundo o Budismo, não existem apenas o mundo humano e o animal. Podemos renascer sob outras formas de vida, tornando-se assim ainda mais incertas as relações que se estabelecem entre os seres. Portanto, não tenhamos ilusões: aquele ou aquela por quem estamos loucamente apaixonados talvez nos tenha traído ou mesmo assassinado em outra vida, enquanto que nosso chefe, que detestamos, quem sabe já nos proporcionou tórridas noites de paixão!

Ordem e caos

Desde sempre o homem procurou explicar os acontecimentos de sua vida. O homem primitivo vivia num meio hostil. Os seus predadores, os elementos, o meio ambiente constituíam ameaças mortais – o homem sentia-se perdido num caos de onde surgiam, bruscamente e de maneira incompreensível, perigos medonhos. As primeiras formas de religiosidade deviam certamente ter por objetivo a intermediação de entidades ligadas a outros mundos, às forças naturais, aos "espíritos" dos animais e dos elementos, para que a caça fosse boa, as colheitas abundantes, as mulheres férteis e por aí fora.

Mas ao longo dos tempos esta situação mudou. Graças à sua inteligência o homem foi dominando as forças hostis e desenvolvendo diversos conhecimentos até se tornar o mais terrível dos predadores. Embora hoje a ciência explique os fenômenos que aterrorizavam os nossos antepassados longínquos, nem tudo está resolvido.

Se, ao sair de casa de manhã, uma pessoa for atropelada, a ciência não pode explicar a razão desse acidente. Ou seja, apesar dos progressos significativos do conhecimento humano, a nossa situação é idêntica à do homem primitivo: para nós esse acidente surgiu do caos de um modo imprevisível e arbitrário.

Normalmente não nos questionamos sobre acontecimentos correntes, mas quando se trata de situações dolorosas é difícil aceitarmos que possam ter sido fruto do acaso. Há situações que deixam sequelas irreversíveis. A vida de certas pessoas pára após a morte de um filho, um acidente, uma separação particularmente dolorosa. Mais nada tem sentido e elas têm a impressão de serem vítimas de "uma grande injustiça".

A crença numa Providência pode ajudar a sair do impasse. Mesmo não conseguindo encontrar uma explicação para o acontecimento traumático, as pessoas crentes aceitam-no como sendo a vontade de Deus. Mas, se a situação for demasiado dolorosa, por vezes não conseguem aceitá-la, revoltam-se e chegam ao ponto de renegar as suas crenças.

A noção de karma pode ajudar a encontrar uma explicação para os acontecimentos da vida pela compreensão de que todas as situações presentes são o resultado de ações passadas. Mesmo que seja impossível determinar a causa exata de uma dada situação, pelo menos temos a certeza que não somos "vítimas" da Providência nem do acaso. Sabemos que somos de alguma forma responsáveis e podemos transformar a revolta em compreensão dos mecanismos que levaram àquela situação, enriquecendo assim o nosso conhecimento do mundo e de nós mesmos. Ou seja, damos ordem e sentido ao caos, tornando assim muito mais aceitáveis todos os acontecimentos da vida.

O fato de desmontar os encadeamentos causais de uma dada situação permite compreendê-la, digeri-la e desbloqueá-la. Assim que isso acontece abrimo-nos de novo à comunicação com o mundo e o fato de termos conseguido gerir positivamente uma dificuldade dá-nos confiança para enfrentar situações futuras.

Esta possibilidade não está reservada aos budistas – qualquer pessoa pode chegar ao mesmo resultado desde que possua qualidades de coração e alguma capacidade de reflexão. Sem a noção de karma estamos entregues a nós mesmos e dependentes da maneira como a situação se apresenta – com resultados relativamente aleatórios. O estudo da lei da causalidade oferece-nos um método sistemático para interpretar, estruturar e reagir construtivamente aos acontecimentos da vida, que se torna, assim, um campo de experiência e de enriquecimento contínuos.

Em resumo

Embora seja impossível prever todas as situações e levar em conta todos os parâmetros, se quiséssemos resumir a ética que resulta da lei do karma, diríamos que se deve evitar qualquer ação que, embora pareça ser útil para nós, é prejudicial para os outros. A única motivação justa é o desejo de que o resultado de uma dada ação seja positivo tanto para nós como para os outros.

Existem situações, porém, em que isso é impossível. Por exemplo, no decurso de uma batalha, pode ser necessário sacrificar um soldado para salvar um batalhão. Perante essa escolha e por muito que nos custe, qualquer um de nós optará por salvar o maior número de pessoas. Seguindo o mesmo raciocínio, devíamos ser capazes de sacrificar o nosso bem ao bem alheio, não por espírito de abnegação, mas simples-mente porque é mais lógico. Curiosamente, quando conseguimos fazê-lo, percebemo que esse sacrifício nos traz benefícios inesperados, mesmo que não seja de imediato.

Portanto, devemos empenhar-nos ativamente em transformar o nosso comportamento, confiantes de que tudo temos a ganhar se agirmos de forma positiva. Mesmo que de início seja difícil, se perseverarmos veremos que a nossa vida muda pouco a pouco. Diz o Sutra da Perfeição da Sabedoria: "Como um herói no ardor da batalha, nunca percas a coragem, qualquer que seja a ação positiva que queiras realizar. Que as tuas ações benéficas sejam contínuas como o círculo vermelho desenhado pelas chamas de uma vela que se agita e inextin-guíveis como o caudal do Ganges. Assim conquistas a felicidade nesta vida e nas próximas e finalmente alcanças a Libertação."

Perguntas mais frequentes

Quando tentamos aplicar a lei do karma na vida de todos os dias temos de rever algumas ideias e comportamentos habituais. Começamos por hesitar em matar os mosquitos e as baratas, sentimos relutância em dizer pequenas mentiras para escapar à tirania do patrão e não sabemos como reagir à agressão física ou verbal. Talvez tenhamos a impressão que o fato de conhecer a lei do karma torna tudo muito mais complicado. Mas, sabendo as consequências das nossas ações, não podemos permitir-nos continuar a agir irrefletidamente, mesmo que isso implique mudar certos hábitos.

Constatei que a aplicação prática destes princípios éticos na realidade moderna levanta geralmente um certo número de questões. Eis as mais frequentes.

Se matar um animal é um ato negativo, não seria melhor sermos vegetarianos?

Contrariamente à maioria das outras grandes tradições religiosas, o Budismo considera que o ato de matar um animal é uma ação negativa. No entanto, tendo em consideração a diferença de potencial entre o ser humano e o animal, é menos grave matar um animal que um ser humano.

Isto não quer dizer que as vacas, as ovelhas, os porcos e as galinhas não sintam uma grande angústia quando sentem que vão ser abatidos, e nesse sentido trata-se de uma ação que causa um sofrimento bem real.

Como, em geral, não abatemos o animal nós mesmos não cometemos as quatro fases da ação. No entanto, diz-se que se pedirmos a alguém para matar um animal acumulamos o mesmo karma que o da pessoa que o mata.

Quando compramos carne no açougue, embora partilhemos o karma do açougueiro, não tivemos a intenção de matar o animal, não pedimos a ninguém para matá-lo por nossa conta, nem nos regozijamos com a sua morte. O mesmo já não se pode dizer quando caçamos, pescamos ou escolhemos num aquário o lagostim ou o caranguejo que vamos comer: *são atos que possuem todas as fases kármicas de uma ação*. Certos Mestres recomendam que haja pelo menos três intermediários entre o consumidor e a pessoa que abateu o animal.

Por todas estas razões o Budismo desaconselha o consumo da carne. No entanto, quem não tem inclinação para o vegetarianismo pode, pelo menos, moderar o seu consumo de carne, por exemplo, abstendo-se de comer carne um dia por semana com a intenção expressa de não participar de qualquer ato de morte durante esse dia.

Quando comemos carne ou peixe o mais importante é estarmos conscientes de que se trata do corpo de um animal ou de vários animais que, à sua maneira, também desejavam a felicidade e o bem estar. Devemos também estar cientes do valor desse sacrifício involuntário e do fato de estarmos contraindo uma dívida que um dia vamos ter de saldar. Além disso, e como acabámos de ver, dada a incerteza dos renascimentos, quem sabe se aquele bife não pertence a alguém nosso conhecido! Evitemos comer o seu corpo numa indiferença total, com a sensação de que nos é devido.

Certas experiências provam que as plantas têm reações, uma certa forma de sensibilidade. Sendo o caso, comê-las não será o mesmo que comer um animal?

Todos os Mestres tibetanos são unânimes: as plantas não têm espírito. Em tibetano a palavra para seres vivos é *sem tchen*, que quer dizer "dotado de consciência". Ora, quando no Ocidente falamos de seres vivos, partimos de um conceito diferente. Um organismo vivo é para nós aquele que pode absorver substâncias diferentes de si e transformá-las na sua própria substância. É um critério bem mais abrangente.

Sua Santidade o Dalai Lama discutiu esta questão com cientistas ocidentais e, em conjunto, chegaram ao consenso de que a consciência parece manifestar-se apenas nos seres dotados de movimento próprio. Neste caso, evidentemente, podemos pôr a questão das plantas carnívoras, das plantas marinhas que abrem e fecham com as marés e de certos tipos muito raros de cogumelos que podem deslocar-se. A questão continua em aberto.

Segundo o Budismo, aparte estas possíveis exceções, as plantas não têm consciência individualizada. No entanto não significa que sejam totalmente inertes. Elas possuem uma forma de "energia" que não é suficientemente autoconsciente para poder ser chamada "consciência" ou "espírito", mas que se manifesta. Assim, as reações verificadas nas experiências feitas com plantas não nascem de uma consciência que avalia a situação e é capaz de reagir de forma intencional, mas são de algum modo "reflexas".

Por conseguinte comer uma planta não é o mesmo que comer um animal.

À luz da lei do karma, o que representam as manipulações genéticas? Será que o fato de modificar o DNA modifica o karma de uma espécie?

As formas, as cores, bem como todas as características dos fenômenos são determinadas pelo karma. Uma vez que os genes também são a manifestação do karma, manipulá-los produz certamente alterações kármicas. A que nível e quais as consequências talvez ainda seja cedo para dizer, mas, de todos os domínios da investigação moderna, este é sem dúvida um dos mais perigosos e inquietantes. Requer-se a maior prudência.

Será justificável fazer todo tipo de experiências com os animais, sob o pretexto de salvar vidas humanas?

Como já foi mencionado, o ser humano possui um potencial superior ao dos animais. É justamente em virtude dessa diferença de potencial – nem sempre bem utilizado – que ele faz experiências sobre os animais e não o contrário... Mesmo que esse potencial seja usado com fins destrutivos, a verdade é que está presente e portanto, até um certo ponto, esse tipo de experiências pode justificar-se. Mas não a qualquer preço.

A maior parte dessas experiências, com efeito, não se destina necessariamente a melhorar os métodos terapêuticos. Muitas servem para testar novos cosméticos, outras são meras especulações científicas. Em contrapartida, os laboratórios onde decorrem essas experiências são verdadeiras câmaras de tortura onde o sofrimento infligido aos animais é horrível. É difícil entender como um ser humano normal pode estar tão alheio à realidade, tão obcecado por uma ideia ou um objetivo que não veja e não sinta o sofrimento que inflige.

Torturar animais com a desculpa de melhorar as condições de vida de seres que são capazes de cometer tais atrocidades é aberrante e digno de um mau roteiro de ficção científica. Experimentemos pôr-nos no lugar dos animais: que sentem eles? A resposta encontra-se no horror que sentimos quando pensamos que extraterrestres possam, sem quaisquer escrúpulos, a fazer conosco as experiências que fazemos com os animais.

O que pensa o Budismo da interrupção voluntária da gravidez?

Como veremos, para o Budismo, a consciência está presente no embrião a partir do momento da concepção, quando a célula masculina se une à célula feminina. Nesse instante a consciência penetra na matriz da mãe e identifica-se com o embrião. *Ou seja, abortar não é apenas interromper a vida de um organismo sem consciência, mas é realmente um ato de morte.*

Infelizmente a maioria das mulheres que fazem abortos voluntários não está plenamente ciente do ato que comete nem percebe que se trata realmente de matar um ser – o seu próprio filho. Apesar da sua inconsciência, a grande maioria guarda uma recordação muito dolorosa dessa experiência.

Existem, evidentemente, uma infinidade de situações, e é impossível dar uma resposta geral sobre a necessidade desse ato. Embora seja sempre preferível não matar, cada pessoa tem de avaliar os dados específicos da situação e ponderar bem a sua decisão. Não é uma opção que possa ser tomada de ânimo leve e convém não perder de vista que se trata realmente da vida de um ser do qual não podemos descartar-nos como de um objeto indesejável.

Com o desenvolvimento dos métodos contraceptivos é hoje muito mais fácil não chegar a esse extremo. É pena que casais com uma certa estabilidade e dispondo de condições materiais suficientes acabem por recorrer a uma solução dessas quando existem outros métodos tão fáceis e acessíveis. Nesse sentido, liberalizar o aborto é fomentar a inconsciência e a falta de sentido de responsabilidade.

Por outro lado, como ignorar o desespero de uma jovem que se encontra sozinha numa situação dessas? Sem família para ajudá-la, abandonada pelo pai da criança, sem condições materiais nem morais para oferecer a um filho... Se existem mulheres que até teriam as condições necessárias mas tomam essa opção por egoísmo ou facilidade, existem também casos realmente desesperados em que o dilema é matar ou trazer ao mundo mais um infeliz. A responsabilidade é pesada: quem somos nós para decidirmos pela vida de outra pessoa? Como podemos estar certos de que esse ser preferiria não ter nascido?

A questão é muito controversa e a discussão sobre a liberalização do aborto levanta pontos extremamente delicados. Há alguns anos o rei Balduíno da Bélgica provocou uma crise política por se ter recusado a assinar o decreto-lei que liberou o aborto. Enquanto católico fervoroso, é facilmente compreensível que não tenha querido pôr sua assinatura num documento que legalizava o assassinato – pois é disso que se trata.

Muitas vezes o dilema em que as pessoas se encontram é uma alternativa entre dois males. Por isso, o trabalho a fazer é essencialmente preventivo. Primeiro tentando incutir nos jovens, em casa e na escola, a noção da sua responsabilidade perante a questão. Se for claro no seu espírito que o aborto não é uma solução que se possa encarar, eles tomarão as precauções necessárias para não terem de chegar a esse ponto. É importante que essa responsabilidade seja incutida tanto nos rapazes como nas moças, pois ambos são responsáveis pelo ato que realizam.

Em segundo lugar, o papel das famílias é determinante. Quando o ambiente familiar é mau, a jovem pode não se sentir à vontade para falar com os pais e acabar recorrendo a essa solução. Pode também acontecer que os pais se recusem a ajudá-la ou a incitem a abortar. Nesses casos, só uma grande coragem e uma grande determinação poderão fazer com que a jovem não aborte. Ao inverso, se houver bom ambiente familiar e ela souber que pode contar com a família, sentir-se-á muito mais apoiada na sua escolha. Se não tiver capacidade moral para assumir a maternidade, sua família pode assumir a responsabilidade para que não tenha de recorrer a essa solução.

Se a jovem ou a mulher estiver completamente só, então tem de ser a sociedade a propor uma solução. Parece-me insuficiente que se proíba o aborto sem se propor simultaneamente alternativas válidas de ajuda concreta e apoio social e psicológico a grávidas desesperadas. Não há praticamente nenhuma mulher que não preferisse não abortar, mas muitas vezes ela não encontra alternativa válida. É responsabilidade de todos nós oferecer-lhe essa alternativa. Portanto, quando consideramos esta questão à luz da teoria do karma, chegamos à conclusão que é necessária uma profunda reflexão sobre a questão e que há um grande trabalho a fazer no campo da educação e da assistência social.

Quando alguém se encontra perante uma escolha dessas, pode ser útil saber que a grande maioria das mulheres que escolheram ter a criança em vez de abortarem não se arrependeu.

Que conselho daria o Budismo a uma mulher que tenha feito uma interrupção voluntária de gravidez? Quais são as consequências desse ato e como pode ela purificá-lo ou neutralizá-lo?

Em primeiro lugar é preciso esclarecer um ponto: ambos os pais são responsáveis. A menos que a mulher tome essa decisão sozinha, sem consultar o pai da criança, sem o seu conhecimento ou o seu assentimento, *ele é igualmente responsável.*

Em seguida, é muito importante perceber exatamente o que o ato comporta. Ao ouvir falar da lei do karma e da ação negativa de matar, é raro alguém pensar que abortar é um ato de morte. Portanto o primeiro passo é conscientizarmo-nos da natureza exata do ato que cometemos e compreendermos que foi um erro. Depois é preciso decidirmos que nunca mais vamos realizar um ato desses, sejam quais forem as circunstâncias.

Enquanto ato de morte, as consequências do aborto têm uma repercussão direta sobre a nossa saúde, pondo em perigo e encurtando a nossa própria vida – sendo os efeitos por vezes muitíssimo rápidos. Porém, é de notar que eles podem não se fazer sentir na mesma vida.

É bastante difícil eliminar completamente os resultados de um ato desses, mas de forma geral todas as ações que protejam ativamente a vida têm um efeito moderador. Salvar e proteger a vida humana ou animal, tratar de pessoas doentes, fazer donativos para hospitais, etc., são ações que minimizam os efeitos do ato de matar.

Por outro lado, é inútil sentir culpa: o que está feito está feito. O mais importante é, por um lado, tomarmos a firme decisão de nunca mais voltarmos a cometer esse ato e, por outro, protegermos ativamente a vida.

Por vezes realizamos atos de que nos arrependemos mais tarde. Qual é o valor do remorso?

É importante reconhecermos o mal que fizemos aos outros sobretudo na medida em que esse reconhecimento nos incita a não reincidir. Enquanto não percebemos que um dado comportamento

magoa os outros, não temos razão para o abandonar. Portanto, nesse sentido, é muito importante tomarmos consciência da repercução dos nossos atos.

Porém nós, ocidentais, temos tendência para nos culparmos. Há uma grande diferença entre sentir-se arrependido e envergonhado pelos atos passados e remoê-los constantemente, a ponto de ficar amargo e até perder o gosto pela vida. A primeira atitude é dinâmica, a segunda é estéril.

Levando a lei do karma às suas últimas consequências, não corremos o risco de ficar paralisados com receio de agirmos negativamente, uma vez que, de uma maneira ou de outra, tudo o que usamos foi obtido à custa do sofrimento alheio?

Os textos dizem-nos exatamente isso: tudo o que usamos para viver tem um preço. Mas não podemos cair em extremos e ficar paralisados com essa ideia ou teríamos simplesmente de renunciar à vida. Para nos mantermos vivos, os nossos glóbulos brancos têm de matar a cada instante milhares de bactérias, e todos os alimentos e objetos indispensáveis à nossa sobrevivência implicam sofrimento alheio. Há que haver um equilíbrio em tudo. Não podemos ficar paralisados com medo de respirar e engolir um mosquito, nem podemos viver numa inconsciência total, alimentando animais herbívoros com rações compostas por proteínas animais, jogando fora o excedente das colheitas, envenenando a terra e a água com pesticidas e produtos químicos, matando, pilhando e desrespeitando tudo.

O que a lei do karma diz é que devemos evitar tanto quanto possível fazer mal aos seres conscientes, que devemos fazer todo o bem de que somos capazes e viver de acordo com a nossa consciência, num esforço de evolução constante. A melhor maneira de pagar a dívida, que de todo o modo contraímos, consiste em tornar a nossa vida significativa e benéfica para nós e para os outros. Se toda a nossa existência for dedicada a tornar-nos seres humanos melhores e fazer com que toda gente seja mais feliz, o karma acumulado por ações

negativas menores, cometidas sem intenção negativa e muitas vezes inevitáveis, é irrelevante comparativamente com o efeito profundo e duradouro da nossa motivação positiva.

Temos de adaptar o nosso comportamento a cada situação específica e, para tal, devemos analisá-la com discernimento e ter em conta todos os parâmetros. Distinguindo entre o que é positivo e o que é negativo, temos de encontrar uma solução equilibrada para cada caso. Em última análise, a intenção é o fator determinante. Os textos tradicionais mencionam que é perfeitamente possível cometer as três ações negativas do corpo e as quatro da palavra e obter resultados extremamente positivos se a intenção for inequivocamente altruísta.

Talvez achemos cansativo examinarmos a nossa consciência cada vez que temos de tomar uma decisão, mesmo que seja menor. Mas, se refletirmos bem, quais são os momentos mais interessantes da nossa vida: os gestos mecânicos de todos os dias ou os momentos em que estamos mais atentos? Por exemplo, é mais agradável fazer amor com alguém que responde mecanicamente ou com alguém que está plenamente presente?

"A atenção é a fonte da vida", dizia um grande Mestre budista. Ao passarmos pela peneira da consciência todos os nossos hábitos, pesando na balança do karma todas as nossas decisões, podemos testar a veracidade destes ensinamentos. Foi esse o conselho de Buda.

A maior parte dos nossos atos é realizada sem qualquer motivação consciente. Levantamo-nos, tomamos o café e vamos trabalhar sem pensar em nada de especial. No entanto, essas ações talvez provoquem bem estar ou sofrimento nos outros. Quais são os resultados de ações realizadas sem motivação?

Esse tipo de karma é chamado "neutro" por não ter sido criado com uma motivação específica. Como vimos, os efeitos do karma dependem principalmente da motivação positiva ou negativa que está na base das nossas ações. Ora, neste caso, a motivação não é nem positiva nem negativa. Os resultados destas ações, em termos de felicidade

ou de sofrimento, são incertos, dependem de muitas outras condições acessórias. De toda forma, o que elas produzem certamente é o karma de continuarmos a viver sem finalidade, sem saber para onde vamos nem o que queremos, num estado de inconsciência e de embrutecimento.

Os animais acumulam karma?

Claro que sim. No entanto, a intensidade do karma é proporcional às capacidades de compreensão e de motivação. A inteligência e a motivação de um animal, sendo geralmente inferiores às dos humanos, fazem com que as suas ações nunca tenham o mesmo impacto que as dos seres humanos.

Um tigre que vê uma gazela, que a persegue, a mata e a come comete uma ação negativa completa com as quatro fases. Mas o que um tigre nunca fará é pilotar um avião e lançar várias toneladas de bombas em uma cidade, matando milhares e milhares de pessoas. Por outro lado, um cão pode arriscar a vida para salvar o dono mas também não tem a capacidade de descobrir um remédio que permita salvar a vida de milhões de pessoas durante dezenas de anos.

Ou seja, um animal acumula karma, mas numa escala inferior à de um ser humano. Se por um lado não pode piorar muito a sua situação, por outro, também não pode melhorá-la consideravelmente.

Como explica a lei do karma que certas pessoas boas tenham uma vida difícil enquanto outras, que só pensam em fazer mal aos outros, têm tudo que desejam?

Como os resultados das ações podem levar muito tempo para manifestar-se, a pessoa boa que sofre a vida inteira pode estar colhendo os resultados de ações negativas passadas enquanto acumula causas positivas para o futuro.

Apêndice

Possibilidades de integração da teoria do karma em visões não budistas do mundo

Como mencionei na introdução, a importância da teoria do karma na elaboração de uma ética global e laica é tal que me pareceu útil dizer algumas palavras sobre a forma como é possível integrá-la em visões não budistas do mundo. No que concerne à visão científica – a concepção do mundo mais generalizada na sociedade ocidental –, a teoria dos campos morfogenéticos pareceu-me abrir uma porta para a formulação da noção de karma em termos científicos.

A visão científica e a teoria dos campos morfogenéticos

Um cientista britânico, Rupert Sheldrake, criou uma teoria muito interessante que apresenta inúmeros paralelos com a noção de karma. Interessado pela gênese das formas, Sheldrake procurou encontrar uma lei que as explicasse. Pouco a pouco foi formulando uma visão do mundo segundo a qual todas as formas resultariam da influência de um campo.

A base da noção de campo morfogenético é que duas coisas de natureza idêntica se influenciam além do tempo e do espaço e que tudo no universo cria um campo energético que afeta os átomos, as moléculas, as ações, as plantas, os insetos e os seres humanos, tanto em nível coletivo como individual. Segundo suas próprias palavras: "um campo morfogenético é um campo de forma, de ordem ou de estrutura. Estes campos dão uma estrutura aos organismos vivos e também às formas dos cristais e das moléculas. São estes campos que dão ordem à natureza."

O que é um campo? Os físicos representam topologicamente os campos de uma maneira bastante simples: desenham uma superfície plana – como um tecido bem esticado – que forma uma depressão no lugar em que existe um campo. Por exemplo, num campo gravitacional,

uma grande massa provoca uma grande depressão. O mesmo se passaria com o campo morfogenético: quando todas as formas estão ausentes o tecido permanece perfeitamente esticado, mas assim que aparece o primeiro átomo, forma-se a primeira ruga, a primeira cratera.

Quando uma forma aparece pela primeira vez, cria uma marca e, à medida que ela se repete, a marca vai-se tornando cada vez mais funda, como o rio cava o seu leito com o decorrer do tempo. Sheldrake explica: "Quando uma forma é recente, por exemplo um cristal novo, o seu "leito" é ainda superficial. A sua forma é ainda instável. Mas cada vez que ela se repete, o seu leito torna-se mais cavado. Certas formas, com milhões de anos de existência e presentes por todo o lado, como a do átomo de hidrogênio, têm leitos tão cavados que parecem não ter fundo. O grão de trigo, cuja forma se repetiu um número incalculável de vezes, tem um leito como um desfiladeiro."[6]

Sheldrake afirma que os campos agem em um nível quântico. Justamente nesse nível de realidade a matéria não está objetivamente determinada e os fenômenos que aí se produzem são apenas prováveis. Segundo ele, os campos morfogenéticos agiriam como "moldes" por onde a matéria passaria, aparecendo aos nossos olhos com certas formas e não outras (dependendo, segundo a lei do karma, do campo criado pelas nossas ações).

Segundo esta teoria, a matéria seria modelada por esses vales invisíveis e apareceria aos nossos olhos com a forma que corresponde à nossa "ressonância mórfica". Isto é, existiria na matéria um potencial quase infinito de "germes" mórficos, cada um deles entrando em "ressonância" com o respectivo tipo de campo morfogenético. Este germe depende de uma forma anterior, dependendo esta de uma outra ainda anterior e por aí afora.

Ainda segundo Sheldrake, cada forma é o resultado de uma média estatística de todas as formas semelhantes. A ação destes campos modifica

---

[6] *La source noire,* Patrick Van Eersel, p. 260 e seguintes.

acontecimentos prováveis. A natureza não é organizada segundo um esquema rígido, os campos morfogenéticos alteram apenas a taxa de probabilidades de aparecimento de um fenômeno.

Sheldrake vai mais longe, afirmando que os nossos estados mentais, comportamentos físicos e verbais obedecem à mesma lei. Ele afirma que os campos morfogenéticos são campos de tendências habituais, criados por hábitos físicos, verbais e mentais. Todas as culturas se alicerçam, em grande parte, nos hábitos individuais e coletivos.

Isto implica que quanto mais um comportamento se repete, onde quer que seja no mundo, mais fácil se torna de adotar até se impor naturalmente a todos. Sheldrake ilustra este princípio com a seguinte história: num arquipélago do Pacífico existem duas ilhas habitadas por macacos. Os macacos são da mesma espécie e vivem num meio ambiente idêntico, mas não têm nenhum meio de se comunicar entre si, pois as ilhas estão bem afastadas uma da outra. Um dia um dos macacos descobre que se puser de molho um pedaço do fruto que constitui a sua alimentação, este descasca com muito mais facilidade. Trata-se de uma descoberta revolucionária, e em breve todos os macacos da ilha aprendem a técnica. Quando o centésimo macaco aprende a técnica, os macacos da outra ilha, sem nenhum contato com os primeiros, começam também a pôr os frutos de molho.

Sheldrake está persuadido que os instintos não passam de antigos hábitos repetidos tantas e tantas vezes que os seus leitos se tornaram tão profundos como os das formas da galinha. Por fim, esses comportamentos acabaram por afetar o *hardware* físico do sistema nervoso, dando lugar a reações inteiramente automatizadas.

Esta teoria, como decerto se percebe, apresenta inúmeras semelhanças com a noção de karma, pois exatamente como ela, não afirma um determinismo mas um condicionamento estatisticamente provável. *Associando o campo morfogenético ao hábito, esta teoria afirma que as nossas ações criam um campo energético que influencia a maneira como a realidade aparece aos nossos olhos e abre o caminho para a explicação*

das diferentes formas de existência que vamos estudar no capítulo seguinte. Por outro lado, e do mesmo modo que na teoria do karma, a ideia de uma memória coletiva subjacente à nossa atividade mental é uma consequência natural da teoria de campos morfogenéticos, também chamada de "causalidade formativa".

Embora bastante recente, esta teoria começa a ser adotada por certos biólogos evolucionistas para explicar por que as diversas partes do nosso corpo têm formas diferentes embora todas possuam exatamente os mesmos genes e as mesmas proteínas.

O leitor interessado em aprofundar esta teoria encontrará no final do livro uma bibliografia.

As diversas tradições religiosas e a lei do Karma

Como é evidente, cada religião tem a sua própria doutrina, os seus dogmas e as suas crenças. Talvez fosse poaaível para um crente de outra religião adotar a teoria do karma enquanto tal, mas a questão que se poria então seria a de saber em que medida ele se manteria fiel aos ensinamentos da sua própria tradição.

Porém, a maioria das religiões tem uma visão implícita da lei do karma e é por isso que todas elas propõem regras de conduta mais ou menos estritas. Mesmo se a noção de karma não está formulada claramente, ela está presente em todas as formas de espiritualidade. Quer lhe demos o nome de karma, outro nome qualquer ou mesmo não lhe dando nome algum, o mais importante é compreendermos que somos responsáveis pelas nossas ações e pela nossa vida, pois só assim podemos aprender a distinguir os comportamentos que nos são favoráveis. Esta noção é essencial se queremos criar um futuro viável para o planeta.

2
O Ciclo dos Renascimentos

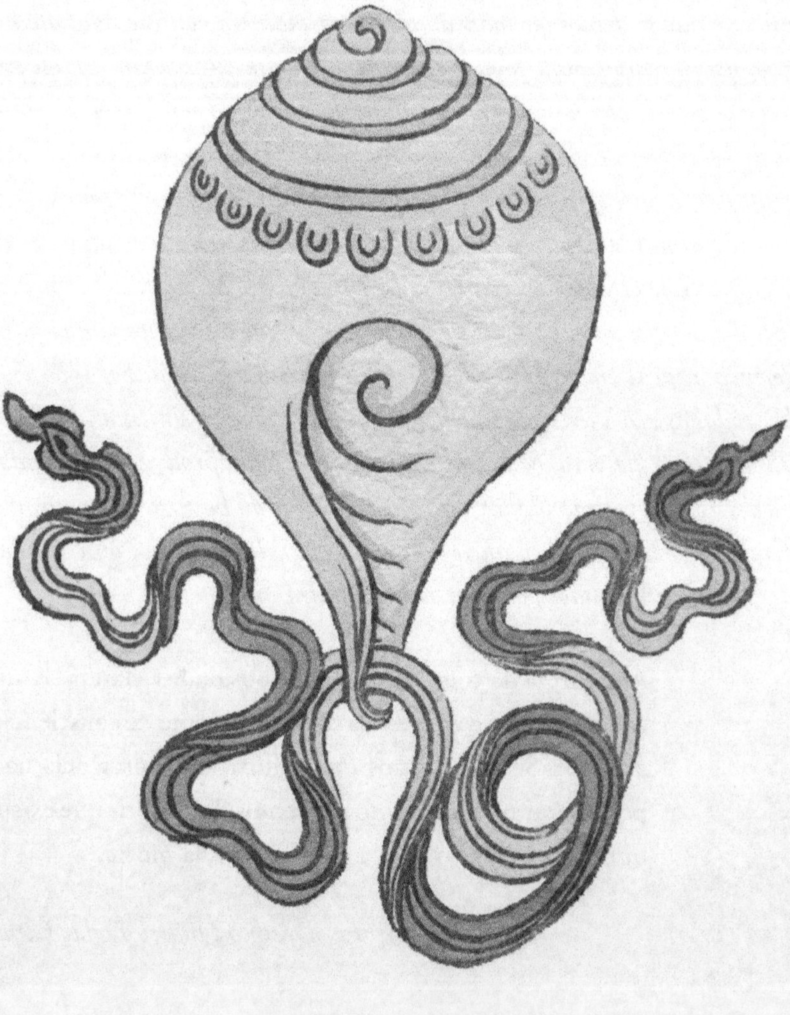

A IDEIA QUE A NOSSA PASSAGEM NESTE MUNDO NÃO É UM ACONTECIMENTO único e que podemos ter mais do que uma vida era considerada, até há bem pouco tempo, exótica ou mesmo francamente extravagante. Hoje em dia esse conceito banalizou-se. No entanto, a visão budista do renascimento (preferível à reencarnação, veremos mais adiante o porquê) é muito mais profunda e sutil que a ideia que dele têm a maioria dos ocidentais.

Quando fala de causalidade, o Budismo afirma que todas as ações produzem inevitavelmente um resultado. Compara essas causas a sementes jogadas à terra que, embora podendo levar mais ou menos tempo para germinar, acabam sempre por dar origem a uma planta. Segundo esta lei, todas as ações têm consequências e só podemos experimentar os efeitos das ações que fizemos. Mas, como vimos, nem todas produzem resultados no decurso da mesma vida. Consequentemente, ou haveria ações que não produzem resultados – o que é contrário à lei do karma –, ou estes têm de ser experimentados posteriormente, noutra vida.

> **A natureza da consciência é luminosidade e clareza. É um agente cognitivo que resulta de um momento de consciência anterior. Se admitirmos que o fluxo da consciência não pode parar no final da vida, teremos de admitir que existe um suporte lógico para a vida depois da morte.**
>
> *Tenzin Gyatso, Décimo Quarto Dalai Lama*

Consciência e matéria

Apesar de a ciência não saber com exatidão o que é ou de onde surge a consciência temos, na nossa cultura, a noção de que, sendo o resultado de uma organização sofisticada da matéria, ela depende do cérebro e dos órgãos dos sentidos e que, por conseguinte, desaparece quando estes cessam a sua atividade. Trata-se de um ponto de vista estritamente materialista e é sobretudo esta ideia que torna a noção de renascimento difícil de aceitar.

A tradição científica ocidental tem um ponto de vista extremamente dualista sobre esta relação entre o corpo e o espírito e vê a matéria como "existente" e a consciência como "imaterial", criando assim uma subordinação implícita da segunda à primeira.

Poder-se-ia imaginar que, ao falar de lei da causalidade, da continuidade da consciência e do processo de renascimento, o Budismo teria um ponto de vista "espiritualista", oposto ao anterior, que subordinasse a matéria ao espírito. Tal afirmação não seria correta.

Para o Budismo, nem o espírito nem a matéria têm existência intrínseca e dessa forma a sua natureza é comum. Porém, em um nível relativo, o nível em que atua a lei do karma, tem de haver uma semelhança de causas. Ou seja, *nem a matéria pode produzir o espírito, nem o espírito pode produzir a matéria.*

Para entendermos corretamente esta afirmação, temos de nos lembrar da seção do capítulo anterior em que falei de causas e circunstâncias. A causa transforma-se materialmente no resultado como a semente é a causa substancial do germe. A circunstância (ou causa circunstancial) é um fator auxiliar, um fenômeno que provoca outro sem que haja transformação material, como o calor e a umidade intervêm na germinação. Assim, na produção de um germe, temos a causa material, que é a semente, e as causas circunstanciais, que são o calor e a umidade.

Este exemplo permite-nos compreender melhor a seguinte afirmação de Sua Santidade o Dalai Lama: "Os budistas podem estar

de acordo com a concepção segundo a qual os estados de consciência mais grosseiros dependem do corpo e deixam de se manifestar quando a atividade cerebral cessa.(...) Aceitamos que esse nível de consciência dependa do cérebro. Trata-se portanto de uma relação de causa-efeito. Mas qual é a natureza dessa relação? (...) Nunca encontrei uma resposta explícita a essa questão nos tratados budistas, mas parece-me razoável afirmar que o funcionamento cerebral fornece os fatores circunstanciais que permitem o aparecimento da atividade mental."[7]

Portanto, para o Budismo, e de acordo com a lei do karma, um instante de consciência só pode ser causado por um instante de consciência anterior, embora possa ter como causa circunstancial, por exemplo, o funcionamento cerebral. Como diz ainda Sua Santidade: "Experimentalmente há dois tipos de fenômenos que parecem ser qualitativamente diferentes, os fenômenos físicos e os mentais. Os físicos podem situar-se no espaço, são mensuráveis e têm ainda outras características. Inversamente, os fenômenos mentais não se localizam no espaço, não se podem medir e têm a natureza da experiência. Trata-se pois de dois tipos de fenômenos completamente diferentes. Sendo assim, se um fenômeno físico fosse a causa substancial de um fenômeno mental, haveria uma discordância entre ambos."[8]

Poder-se-ia pensar que este ponto de vista estabelece uma cissão definitiva e irremediável entre o espírito e a matéria. Mas não, pois se o espírito e a matéria não podem ser a causa substancial um do outro, nada os impede de interagirem um com o outro como causa circunstancial. Esta visão é compatível com a realidade do mundo: a partir de uma intenção negativa (fator mental) roubamos um objeto

---

[7] *Sleeping, Dreaming, and Dying*, Dalai Lama, p.162.

[8] *Sleeping, Dreaming, and Dying*, Dalai Lama, p.118.

(impacto material). As consequências do nosso ato levam-nos à prisão (consequência material), e isso faz-nos sofrer (consequência mental). A intenção negativa, ponto de partida desta sequência, é um instante de consciência, fruto de um instante anterior e o sofrimento que experimentamos na prisão também. Pertencem ambos ao fluxo da consciência. Por outro lado, o roubo e o encarceramento pertencem ambos ao encadeamento causal do mundo material. Em nenhum momento estes dois fluxos se misturam ou se geram um ao outro mas, por outro lado, estão em constante interação.

A diferença entre espírito e matéria é, portanto, do domínio puramente convencional ou relativo. Não existe cisão entre eles, pois nenhum deles tem natureza intrínseca, e é precisamente essa a razão que lhes permite interagirem um com o outro.

O encadeamento material de causas e efeitos é explicado pela ciência atual. Segundo a teoria do *Big Bang*, todos os átomos que compõem o universo foram criados nos primeiros instantes após a explosão inicial. Desde então e até agora, os mesmos átomos têm-se combinado de diferentes formas e têm servido de partículas constituintes a tudo o que existiu. Nenhum átomo se perdeu, nenhum foi criado, todos eles se foram transformando, combinando de diversas formas. Ou seja, por exemplo, este corpo que consideramos nosso é composto por átomos que já constituíram galáxias, estrelas, elefantes, pedras, flores e, sem dúvida, muitas outras coisas.

Mas a questão que talvez continue a incomodar-nos na teoria do renascimento é o fato de ela implicar a existência da consciência sem suporte físico. Para o Budismo, existem vários níveis de consciência, que vão do mais comum – aquele a que estamos habituados – até um nível extremamente sutil.

"Distinguem-se vários níveis de consciência: grosseira, sutil e extremamente sutil. O primeiro corresponde ao funcionamento cerebral. O segundo ao que chamamos intuitivamente a consciência, ou seja, entre outras, a faculdade que a consciência tem de examinar a si própria, de se interrogar sobre a sua própria natureza e de exercer

o livre-arbítrio. Neste nível estão também incluídas as diversas tendências acumuladas no passado. O terceiro nível, o mais essencial, é chamado 'luminosidade fundamental do espírito'. Corresponde a uma capacidade cognitiva pura que não funciona no modo dual sujeito-objeto e na qual não existem pensamentos discursivos."[9]

Assim, para o Budismo, a luminosidade fundamental é a causa profunda da consciência, enquanto a atividade cerebral e outros fatores materiais são as causas circunstanciais relativas para o seu funcionamento.

Sua Santidade o Dalai Lama diz ainda: " Segundo o pensamento budista, o princípio último é a consciência. Existem vários níveis de consciência. Aquilo a que chamamos a consciência sutil, a mais profunda, está sempre presente. A continuidade desta consciência poderia equiparar-se à das partículas que constituem o universo."[10]

---

9 *L'infini dans la paume de la main,* Mathieu Ricard e Trinh Xuan Thuan, p.240.
É interessante que na maior parte dos testemunhos de experiências de quase--morte (experiências vividas por pessoas que foram dadas como clinicamente mortas) os indivíduos falam de uma experiência de "despersonalização", a qual é quase sistematicamente acompanhada por um intenso senti-mento de êxtase, de prazer inefável. Essas viagens a profundidades pouco conhecidas do espírito são experiências partilhadas por um grande número de pessoas – no Estados Unidos foram colhidos cerca de um milhão de testemunhos – e corroboram as afirmações dos Mestres budistas e místicos de outras religiões quanto à existência desse nível de consciência.
Esse tipo de experiências é um desafio ao ponto de vista científico que nega a possibilidade da existência da consciência depois da cessação das funções vitais e, principalmente, depois de cessada a atividade cerebral. Por isso, a maioria dos cientistas ou refuta a validade desses numerosos testemunhos ou não se pronuncia sobre a questão. A principal razão de ambas as reações são os preconceitos básicos: para os materialistas convictos a teoria do cérebro como órgão do pensamento é mais do que uma hipótese, é um artigo de fé.

10 *A palavra dos Dalai Lamas,* p. V. Apel.

Portanto, o Budismo reconhece níveis de consciência que não dependem de um suporte físico, dos quais o mais profundo é a luminosidade primordial, não dual, que é constante.

Embora a consciência de base esteja sempre presente, a atividade dos níveis de consciência mais superficiais tem tendência para encobri-la. Quando morremos e a atividade da nossa consciência mais superficial cessa, a luminosidade primordial manifesta-se. É ela que tem o potencial de um novo estado de existência consciente.

Uma analogia pode ajudar-nos a compreender este processo: uma onda hertziana, embora não tenha um suporte material, transmite informações bastante complexas a grandes distâncias. A causa profunda daquilo que vemos aparecer na tela é o que está acontecendo no estúdio de televisão. Mas para que a informação, que se transmite sob a forma de ondas, se possa concretizar são necessárias as causas circunstanciais fornecidas pelo televisor.

Seguindo esta analogia entre a consciência e uma onda, Mathieu Ricard escreve: "Enquanto a consciência está inscrita corporalmente, existe uma relação íntima entre o funcionamento do cérebro e o aspecto grosseiro da consciência e assim se explica a influência determinante que o funcionamento normal ou patológico do cérebro pode ter sobre este aspecto da consciência. Sendo a consciência grosseira uma manifestação da consciência sutil que se perpetua, pode-se imaginar que o *continuum* dessa consciência sutil seja portador de memória, como uma onda veicula informações e não objetos."[11]

As reticências que pomos hoje à ideia da vida depois da morte são fruto de uma visão muito recente do mundo, que nada tem de absoluta nem de definitiva mas que é apenas condicionada por um ponto de vista cultural. Considera-se o culto dos mortos a primeira

---

[11] *L'infini dans la paume de la main,* Mathieu Ricard e Trinh Xuan Thuan, p.266.

manifestação da cultura humana. E esse culto que se manteve até os nossos dias, que significa senão alguma forma de crença na vida depois da morte? Mesmo na nossa sociedade materialista e cética, a profanação de um túmulo continua produzindo um arrepio de horror.

Enquanto para certos leitores esta noção faz todo o sentido, outros gostariam de ver provas, testemunhos de pessoas que se lembram de vidas passadas. Esses testemunhos existem, claro. Mas se a nossa atitude for cética, de que servem os testemunhos? Quando, nos anos 70, Armstrong pousou o pé na lua, quantas não foram as avozinhas que, sentadas diante do televisor, se recusaram a acreditar que fosse verdade? No que concerne a esta questão, parece-me que o mais importante é ter abertura de espírito e não recusar a ideia logo de início. Servindo-se dela como de uma hipótese de trabalho, podemos confrontá-la com a nossa experiência do mundo e só então decidir se ela faz ou não sentido. No entanto, para os leitores que estiveram interessados em testemunhos deste tipo, constam da bibliografia alguns títulos que poderão consultar.

Renascimento ou reencarnação?

Concebe-se popularmente o renascimento como se, tendo chegado ao termo de uma existência e tal como um líquido que se transpõe de um recipiente para outro, o nosso espírito entrasse num novo corpo. Alguns estão convencidos de que foram Napoleão, César, Inês de Castro, Fernando Pessoa, ou qualquer outra personagem gloriosa do passado. Para o Budismo, o renascimento é um processo bastante mais complexo, o prolongamento da lei de causalidade.

Assim, a teoria budista do renascimento difere da concepção popular de reencarnação em diversos pontos. Em primeiro lugar, para o Budismo, os seres humanos não são os únicos a atravessarem o processo de morte e de renascimento. Todos os seres conscientes experimentam a morte, a dissolução das consciências mais relativizadas

e a experiência da luminosidade primordial. Isto significa que os animais, bem como as outras formas de existência de que iremos falar mais adiante, também renascem.

Em seguida e contrariamente a outras teorias, o Budismo afirma que os renascimentos não se sucedem sempre numa ordem ascendente, de nascimentos inferiores para estados superiores, mas sim em função do karma acumulado. Sendo assim, a próxima existência depende das ações realizadas nesta e os seres humanos que cometeram um grande número de ações destrutivas renascem em formas de existência inferiores.

Mas será o mesmo ser que volta, por exemplo, no corpo de um animal? Considerando o ser que éramos quando nascemos e o que somos agora, podemos pôr a seguinte questão: seremos o mesmo ser ou seremos outro? Temos tendência para afirmar que se trata do mesmo ser, mas se refletirmos, melhor teremos de reconhecer que nem o corpo, nem o espírito, nem a união dos dois eram então os mesmos que agora. No entanto, também não podemos afirmar que são duas pessoas diferentes, pois existe algo, um "fluxo de consciência", que nos faz dizer que se trata da mesma pessoa, ou pelo menos *que existe uma relação causal entre as duas*.

Entre todos os estados do mesmo ser – com um mês, com um ano, com quatro anos, etc. – existem uma infinidade de ligações causais. O que nós somos hoje depende do que fomos ontem que, por sua vez, depende do que fomos anteontem e assim sucessivamente. Somos simultaneamente o mesmo ser e um ser diferente. Na realidade não há qualquer descontinuidade. Enquanto temos um corpo usamos as faculdades mentais que lhe estão associadas e que nos permitem uma dada percepção do mundo mas, ao morrermos, ficamos privados das faculdades inerentes aos aspectos mais relativos da consciência, mantendo-se apenas o fluxo do seu nível mais sutil. Quando este se une a um novo corpo, o ser que renasce não é o mesmo que morreu, mas o seu resultado.

São estas as razões pelas quais o Budismo prefere o termo renascimento a reencarnação. Ao apoiar a noção de renascimento na lei de

causalidade, o Budismo evita duas atitudes extremistas: por um lado, a atitude materialista que, por subordinar o espírito à matéria, afirma que tudo cessa no momento em que as funções vitais param, não deixando qualquer lugar para a explicação de fenômenos como as experiências de quase morte, as dos membros fantasmas dos amputados e muitas outras em que não existe suporte físico para a consciência; por outro, certas teorias da reencarnação que crêem na transmigração de uma alma imutável, uma entidade que, mantendo-se sempre igual, não faz senão mudar de aparência física como quem tira o macacão e veste um *smoking*.

O samsara

Olhemos agora para o mundo segundo esta perspectiva: encontramos uma infinidade de seres que vivem, morrem, renascem e que, ao realizarem novas ações, estão constantemente criando novas causas de renascimento. Quando as suas ações produzem resultados, quer seja na mesma existência quer nas próximas, as situações em que se encontram levam-nos a reagir de acordo com os hábitos que criaram, dando lugar a novas causas e assim sucessivamente. É a isso que se chama o "*samsara*", o círculo vicioso da existência.

Qual é o defeito desse círculo de existência para que se diga que é vicioso? Nada, a não ser que nele se encontra muito sofrimento e pouca ou nenhuma felicidade. Basta observarmos o nosso mundo – considerado um mundo superior – para percebermos que a maioria dos seres humanos sofre constantemente. Em geral as pessoas desconhecem as verdadeiras causas da felicidade e do sofrimento, ou não estão interessadas em conhecê-las, chegando mesmo a rejeitá-las violentamente quando ouvem falar nelas. Ao procurar infatigavelmente a felicidade, estão quase sempre criando mais sofrimento em perspectiva.

O samsara não é um lugar – por exemplo, o nosso mundo. É uma maneira de ser prisioneiro das próprias percepções. Há quem diga que, se traçarmos no chão um círculo ao redor de um peru, o animal pensará

que está preso e se deixará morrer de fome, sem jamais tentar atravessar o círculo.

Embora todos os seres possuam dentro de si a luminosidade da consciência sutil, a felicidade inefável de que falam os místicos e aqueles que viveram experiências de quase morte, não a reconhecem. Divorciadas dessa profunda luminosidade, nossas percepções adquirem uma "opacidade" que nos mantém no engano. Embora sejam círculos de giz à nossa volta, pensamos que se tratam de barreiras reais, ficamos prisioneiros delas e os esforços desastrados que fazemos para nos libertarmos geralmente só pioram a situação.

Na tradição budista, a esta percepção deformada do mundo dá-se o nome de "ignorância" e diz-se que é a raiz do *samsara*. Trata-se na verdade de um mal-entendido. A imagem que é dada tradicionalmente é a de alguém que, ao crepúsculo, vê um pedaço de corda caído no chão e pensa que é uma cobra. Pode começar a gritar, pode fugir, pode querer matar a cobra: todas estas reações são inadequadas, mas ele não sabe porque não há luz suficiente para perceber da realidade.

Hoje em dia podemos utilizar uma outra comparação. Imaginemos um jogo de computador: enquanto tivermos consciência de que os fenômenos que surgem dentro do jogo são virtuais e, embora aparentes, não têm realidade intrínseca – que, por exemplo, os inimigos não constituem ameaças reais – o jogo é uma distração. Mas se nos esquecêssemos de que se trata de uma ilusão e começássemos a acreditar que os inimigos, as paisagens e as situações são reais, imediatamente nasceria o medo, a angústia, o desejo e a cólera. Se a situação se prolongasse, essas emoções criariam tendências habituais que tornariam cada vez mais remota a possibilidade de reconhecermos o nosso engano. Do mesmo modo, a não-percepção da luminosidade profunda do espírito leva-nos a perceber os fenômenos de uma maneira errada. Embora "virtuais", nós os percebemos como reais, acabando por sentir aversão ou desejo. O erro fundamental – a ignorância – e estes dois impulsos básicos, aos quais se acrescentam o orgulho e a inveja, são aquilo a que se chamam os cinco venenos e são a raiz do *samsara*.

Os seis mundos

Quando observamos o nosso comportamento, verificamos que todos temos uma tendência dominante: uns são coléricos, outros orgulhosos, outros invejosos. Qualquer que seja a emoção dominante, ela envenena a nossa existência, imprimindo-lhe um certo estilo. Os "viciados" do desejo não podem ver as vitrines das lojas sem se sentirem frustrados, enquanto para os "viciados" da agressão o meio ambiente é ameaçador e destrutivo.

Pela repetição de uma dada ação, as tendências reforçam-se e as percepções especializam-se, começando a afastar-se do modo de percepção mais frequente nos seres humanos. Mesmo dentro do nosso mundo encontramos por vezes seres com os quais é difícil nos comunicarmos, embora até falemos a mesma língua. Se esta diferença se acentuar muito, chegaremos ao ponto em que qualquer tipo de comunicação se torna impossível. Nesse ponto o fosso que nos separa é tal que as percepções começam a pertencer a mundos diferentes.

A tradição budista reconhece seis mundos, três superiores – homens, deuses e antideuses – e três inferiores –infernos, fantasmas ou espíritos ávidos e animais. Podemos compreender estes mundos em vários níveis. No nível básico são em ambientes particulares onde seres de karma comum se encontram, partilhando, graças à semelhança do seu karma, as mesmas percepções do mundo. Assim, se fosse possível que um deus se encontrasse acidentalmente no inferno, como esse tipo de ambiente não corresponde à sua ressonância kármica, ele não veria o mesmo que os seres do inferno.

Isto significa que o simples fato de nossas percepções serem partilhadas por outros não lhes confere um caráter objetivo de realidade intrínseca. As percepções, deformadas pela força do karma, só são verdadeiras para os seres que possuem um karma semelhante e, portanto, têm apenas um valor relativo.

Por outro lado, o Budismo também não afirma que as percepções sejam totalmente falsas, que aquilo que vemos seja uma pura ilusão como uma miragem no deserto. Para nós essas percepções são reais

como o sonho de alguém que dorme. Esta é a razão pela qual se chama à realidade perceptual "provisória" ou "relativa".

Com efeito, o Budismo distingue dois níveis de realidade, a verdade provisória ou relativa e a verdade absoluta ou definitiva. A verdade absoluta é a visão direta da natureza absoluta e luminosa que é não-dual e transcende o intelecto. Essa visão não está ao nosso alcance no momento. A verdade relativa, por seu lado, é compreensível pelo intelecto mas é "provisória" no sentido em que é apenas uma aproximação da realidade. A nossa percepção habitual do mundo, que como vimos depende do karma, pertence à verdade relativa. O nível mais profundo do espírito, que está para além da dualidade, pertence à verdade absoluta.[12]

Outro nível de compreensão possível dos seis mundos consiste em vê-los um pouco como mundos paralelos existindo simultaneamente. Os seres renascem nesses mundos em função das suas afinidades com o meio ambiente e com os outros seres que lá vivem.

Um outro nível ainda consiste em associar os seis mundos com as tendências psicológicas dominantes dos seres humanos e a diversidade das circunstâncias da sua vida.

Por fim, em um nível mais sutil ainda, podemos dizer que cada um dos nossos pensamentos e das nossas reações, enquanto estamos submetidos ao modo de funcionamento samsárico, pertence a um dos seis mundos.

Os infernos

O ambiente infernal é criado pela agressividade. É um mundo de terror onde reina um sentimento de insustentável claustrofobia e

[12] Para quem gosta da abordagem científica, talvez seja interessante comparar esta noção com a teoria da "Ordem Implícita e da Ordem Explícita", de David Bohm. *La plénitude de l'Univers,* David Bohm.

onde os seres se vêem uns aos outros como inimigos. As descrições tradicionais falam de paisagens de planícies e montanhas de ferro incandescente, atravessadas por rios de metais em fusão. O espaço está cheio de fagulhas, o calor é sufocante e o céu está em brasa. Os seres dos infernos são submetidos a diversos tipos de torturas.

Arrepiamo-nos só de pensar num incêndio num centro comercial ou em explosões de bombas, e no entanto são pálidas imagens do horror e da aflição que reinam no inferno. Pelo que dizem os textos, o sofrimento desses mundos é verdadeiramente inconcebível para nós.

Em relação à cultura ocidental, é importante notar duas coisas. A primeira é que o inferno budista não é eterno. O tempo é muito longo – e como não achar longo o tempo quando se vivem sofrimentos tão intensos? – mas, quando o karma que nos fez nascer nesses locais se esgota, renascemos noutro lugar.

A segunda é que o fato de renascermos no inferno não é um castigo infligido por alguém, a partir do julgamento moral das nossas ações, mas a consequência lógica de termos alimentado estados mentais agressivos e paranóicos.

Existe um segundo tipo de inferno, o inferno frio. Trata-se de um ambiente gelado onde a paisagem é apenas neve, gelo e desolação. O frio é tão intenso que, onde quer que o olhar se pouse, só se avista neve e gelo. Tais descrições ilustram o resultado de outro tipo de agressão, a agressão que recusa qualquer comunicação.

Na prática, não temos de morrer para descer aos infernos: descemos quase todos os dias. Mesmo as situações mais banais podem transformar-se num inferno: ficar preso num elevador ou no metrô durante a falta de energia, queimar-se, viver uma relação sentimental particularmente possessiva ou cair numa profunda depressão. O mundo do infernos quentes ou frios é o mundo onde o sofrimento é mais intenso.

Os fantasmas ou espíritos ávidos

Como resultado do desejo incontrolável, surge o mundo dos espíritos ávidos que são atormentados pela fome e pela sede sem jamais se sentirem satisfeitos. Tradicionalmente são representados com um estômago como uma montanha, um pescoço da espessura de um cabelo e uma boca do tamanho do buraco de uma agulha. Sendo assim, não admira que estejam condenados a uma fome e uma sede constantes e insaciáveis! Esta descrição física faz logo pensar naquelas crianças que às vezes vemos na televisão, com barrigas dilatadas e corpos esqueléticos, olhos desmesurados e rostos exangues refletindo apenas uma ânsia resignada.

Em nível psicológico, o sentimento dominante é a frustração. Quer tenhamos um objeto ou mil, temos sempre a impressão que nos falta o essencial, e assim que nos apropriamos de um objeto, ele perde o interesse, suscitando outros desejos. A sociedade de consumo não é senão a arte de explorar a ânsia do mundo dos espíritos ávidos.

O sofrimento deste mundo é um pouco menos intenso que o dos infernos e o tempo um pouco menos longo.

Os animais

Como resultado da ignorância e da inércia surge o mundo animal, o único dos mundos não humanos que nos é diretamente perceptível.

Há inúmeras espécies animais: umas vivem debaixo da terra, outras sobre a terra, nos ares ou na água. Os animais selvagens vivem no terror dos predadores, que nunca os poupam. Os animais em contato com o homem são explorados de inúmeras maneiras: ordenhados, tosquiados, torturados nos laboratórios em nome da ciência, criados em condições desumanas sem verem a luz do dia e em espaços extremamente exíguos, levados para os matadouros às centenas, abatidos pela pele ou pela carne. Nenhum outro predador

faz o que faz o homem, predador supremo de todas as espécies, incluindo a sua própria.

Muitos seres humanos comportam-se como animais, não em termos de crueldade – porque nisso o ser humano ultrapassa todas as espécies –, mas em inércia e em estupidez, na incapacidade de rir, de dançar e de olhar para o céu. O mundo animal é dominado pelo torpor e pela falta de iniciativa, pela ausência de humor e de inteligência criativa.

Muitas pessoas indignam-se quando se fala de falta de inteligência no mundo animal. Uma tal afirmação não significa que os animais não sejam inteligentes, por vezes mais até do que certos humanos. Porém, a sua condição é inferior por terem menos liberdade para decidir o comportamento a adotar numa dada situação e por terem menos capacidade para obter o bem estar relativo. Quanto à libertação definitiva do sofrimento, um animal não tem capacidade de concebê-la, de aspirar a ela, nem de desenvolver ou aplicar métodos para alcançá-la.

Os seres dos infernos, os espíritos ávidos e os animais constituem os três mundos inferiores onde o sofrimento é tão intenso e tão incessante que não há liberdade para nada. É impossível pensar no que quer que seja, questionar-se sobre o sentido da existência ou buscar um caminho espiritual.

Embora estes mundos pareçam nada ter a ver conosco, eles começam na periferia do nosso próprio mundo, encontram-se no prolongamento dos nossos comportamentos humanos como grandes oceanos onde deságuam os rios caudalosos das nossas ações negativas. Enquanto estivermos sob o domínio do mal-entendido básico que é a ignorância, não estaremos ao abrigo de lá nascermos.

Os deuses

Poucas ações negativas, muitas ações positivas realizadas com uma forte noção de individualidade e de superioridade fazem-nos nascer

no mundo dos deuses. Ao falarmos de deuses, estamos falando de seres que possuem a condição mais elevada e mais feliz do *samsara*, sem que esta denominação tenha qualquer conotação transcendente. Não se trata de seres a quem nos dirigimos para obter favores e muito menos a libertação do sofrimento, mas prisioneiros muito favorecidos do ciclo dos renascimentos. Em vez de viverem em celas imundas e sofrerem horrores, vivem numa prisão dourada da qual não têm a menor vontade de fugir. Na verdade, nem sequer percebem que não são livres, tão absorvidos estão na fruição dos prazeres mais sofisticados.

Algumas tradições religiosas têm como objetivo o renascimento num paraíso divino, expondo, para tal, regras de conduta inspiradas numa noção de retribuição dos atos que, embora não esteja claramente formulada, permite sem dúvida atingir esse objetivo. Existem três tipos de mundos divinos: o mundo do desejo, da forma e sem forma.

Os deuses do mundo do desejo têm uma vida muito longa e uma inconcebível capacidade de fruição dos prazeres dos sentidos. Os textos descrevem-nos como sendo belos, com corpos luminosos e naturalmente perfumados. Alguns sofrem pequenos contratempos nas suas lutas contra os antideuses, mas o seu único verdadeiro sofrimento é no momento da morte. Algum tempo antes de morrerem, aparecem sinais precursores do seu declínio e os outros deuses os rejeitam. Como têm clarividência, vêem o local onde vão renascer e, quando se trata de um mundo inferior, sofrem terrivelmente da sorte que os espera.

Os deuses dos mundos da forma e sem forma são seres que, como resultado de práticas meditativas avançadas cujo objetivo não é a libertação definitiva do *samsara*, nascem em níveis de existência superiores e usufruem de experiências meditativas muito profundas, durante um período extremamente longo.

No mundo humano existem seres ricos, belos, superiormente dotados, amantes das artes e dos prazeres mais sutis. No entanto esses seres são raros em comparação com o resto da humanidade, que sofre atrozmente e se debate com inúmeras dificuldades. No fim de contas,

a felicidade divina torna-se uma deficiência grave: quando nunca se sofreu, ignora-se a compaixão e não se aspira à prática de uma via espiritual.

Os antideuses

Como resultado de ações positivas realizadas por inveja e com um sentido de competição, renasce-se no mundo dos antideuses, ou deuses invejosos. No mundo dos antideuses cresce uma árvore gigantesca cujos frutos, apenas vislumbrados de longe nos ramos mais altos, só podem ser colhidos pelos deuses. Achando que os frutos da árvore deveriam ser seus, os antideuses sentem uma inveja intolerável e declaram guerra aos deuses. Infelizmente para eles, o karma divino é superior e os antideuses sofrem terrivelmente quando são feridos ou mortos em combate. É um mundo de guerra, de estratégias e de competição.

A sociedade moderna, competitiva e eficaz, está cheia de antideuses. A rivalidade e a inveja envenenam o ambiente profissional, as relações com os amigos e até com a própria família. Com este tipo de atitude mental, qualquer relacionamento é um desafio e todas as palavras e gestos são suscetíveis de serem usados como armas. O antideus só pensa em ganhar. O sistema escolar, as brincadeiras e os jogos incitam desde a infância essa rivalidade. Mais tarde, as atividades profissionais e os códigos sociais baseiam-se exclusivamente na "lei do mais forte". Estamos tão habituados a que competição seja considerada salutar e mesmo indispensável para o bom funcionamento da sociedade que nos custa a imaginar uma outra forma de viver.

Os seres humanos

Do ponto de vista da prática espiritual, o mundo humano é o mais favorecido. A alternância das alegrias e dos sofrimentos é propícia

a uma tomada de consciência da condição samsárica e o leque dos venenos que nos atormentam oferece-nos uma visão panorâmica do *samsara*.

A tradição distingue quatro sofrimentos universais que nos arrastam como a corrente de um rio caudaloso. O primeiro é o nascimento. Esquecemos esse corredor estreito e interminável onde quase sufocamos, a angústia de sermos empurrados sem sabermos para onde, o medo de ficarmos presos e morrermos. O bebê nasce com todas as percepções: ouve, sente, vê a luz. Embora haja cada vez menos mulheres que morrem de parto e menos crianças que morrem ao nascer, não é propriamente um momento de prazer, nem para a mãe nem para a criança e o sofrimento continua presente.

O segundo grande sofrimento é a velhice, que se tornou um *handicap* no mundo moderno. Dentes postiços, cabelos pintados, *liftings* e Viagra permitem escamotear os sintomas dessa irremediável fase da vida. Mas, apesar de podermos melhorar a nossa aparência, não conseguimos impedir certas manifestações de decrepitude: a memória e a visão diminuem, a paciência esgota-se, a curiosidade apaga-se. Pouco a pouco o mundo ultrapassa-nos, e, sem consideração pela nossa experiência de vida, as novas gerações tomam-nos o lugar, deixam de nos respeitar e de nos escutar. Os filhos, sobrinhos ou herdeiros tentam arrancar-nos a herança o mais depressa possível, pilham a nossa conta bancária e, como não querem ocupar-se de nós, internam-nos numa instituição especializada onde só nos resta morrer. Eis o que nos espera se chegarmos até lá.

O terceiro é a doença, que ataca novos e velhos sem distinção. Ao sofrimento da doença ou do acidente juntam-se os inconvenientes dos tratamentos, por vezes dolorosos. As deficiências causadas pelo nosso estado tornam-nos dependentes dos outros e obrigam-nos a ficar acamados durante dias, semanas e meses. O corpo humano é uma máquina complexa e altamente sofisticada. Um arranhão o faz sofrer, uma corrente de ar o constipa, um pouco mais de sol o queima... Como podemos ter paz?

O quarto grande sofrimento é a morte. Mesmo se adoecermos raramente e vivermos até muito velhos, não poderemos escapar à morte. Há quem pretenda não ter medo de morrer: será coragem ou inconsciência? Imagine alguém que no mesmo dia perdesse esposa, filhos, amigos, emprego, carro, casa ... Como você acha que se sentiria? Quando morremos, temos de deixar os seres que amamos, as nossas posses e até o próprio corpo, nosso fiel companheiro de sempre. Não é fácil nem agradável. Temos de partir sós e sem poder levar nada conosco, como um refugiado que perdeu tudo e embarca sozinho rumo ao desconhecido.

Todos os seres sentem a angústia da morte. Já viu as lágrimas nos olhos das vacas quando são levadas para o matadouro? A morte, essa derradeira e inevitável separação de tudo o que nos é familiar, embora certa, surpreende-nos sempre.

Para além disso, os seres humanos receiam confrontar-se com a adversidade, não obterem o que desejam, perderem o que têm, etc. A condição humana, embora muito privilegiada no ciclo dos renascimentos, não deixa de ter as suas vicissitudes, desilusões e sofrimentos intensos e variados.

Tudo o que vivemos nos seis mundos é impermanente, não podemos confiar em nada. Depois da alegria vem a dor, depois da tempestade a bonança. Constantemente arrastados pelo karma, por vezes desfrutando de abundância, por vezes passando privações, sem nenhum controle, somos como uma casca de noz no meio da tempestade, folha morta num turbilhão de vento.

A natureza kármica dos seis mundos

Embora seja preferível viver no mundo divino que entre os animais, as percepções divinas não são mais reais do que as percepções animais. Todos os seres do *samsara* estão dormindo, e cada um tem um sonho

diferente. Dentro do sonho as percepções existem, há alegria e dor, mas fora do sonho não têm existência concreta.

Para ilustrar a relatividade das percepções, a tradição budista usa o exemplo da água: os seres dos infernos vêem-na como um objeto de tortura (metal em fusão), os espíritos ávidos como algo que desejam ardentemente mas cuja natureza é impura (pus e sangue), certos animais consideram-na como um habitat, os antideuses como uma arma e os deuses como um néctar sublime. Se pensarmos que todos esses seres estão iludidos porque não vêem que a água é algo que serve para beber, cozinhar, tomar banho e lavar a roupa estamos esquecendo que as nossas percepções são tão relativas, subjetivas e ilusórias como as dos outros mundos.

Temos dificuldade em aceitar a existência de outros mundos? Por que não vemos os deuses como vemos os animais? Na verdade, os nossos sentidos captam constantemente dados que não são reconhecidos de uma forma consciente. Não vemos todas as imagens que a nossa retina capta, mas apenas aquilo que somos capazes de identificar em função dos hábitos adquiridos. Por conseguinte, mesmo que fôssemos confrontados com essas formas de vida, não as reconheceríamos porque apenas vemos aquilo que a nossa estrutura mental permite.

O seguinte exemplo ilustra bem esta afirmação: uma equipe de antropólogos propôs-se estudar as reações de uma tribo primitiva que vivia particularmente longe da civilização, projetando-lhe um filme que mostrava cidades, carros, aviões, relógios, elevadores, arranha-céus e homens de terno e gravata. Os espectadores não tiveram reação até o momento em que, durante uma fração de segundos, o aparecimento de uma galinha na tela provocou ruidosas exclamações. Após a projeção os antropólogos recolheram as impressões: a única imagem que os indígenas tinham retido era a da galinha.

Abrir horizontes

"Pensar que a morte é o ponto final, o limiar do nada, é o resultado de um espírito mesquinho. É um pouco como se, vivendo na França, pensássemos que além das fronteiras desse país a espécie humana não existe", diz Kalu Rinpoche.[13]

Cada vez menos pessoas pensam que o mundo se restringe à sua aldeia ou ao seu país e rimos hoje com o fato de certos povos pensarem que eram o centro do universo, que o mundo acabava nas fronteiras da sua nação. No entanto, continuamos limitados por conceitos culturais e, para muitos seres humanos, o renascimento e os seis mundos são tão inconcebíveis como a Via Láctea para uma formiga. Como alguém que, depois de um acidente grave, acorda com amnésia num hospital e não tem memória do passado, também nós ignoramos de onde viemos, o que fizemos e por que nos encontramos aqui. Temos talvez a impressão que a nossa vida começou no dia em que nascemos, que não houve nada antes.

No entanto, a maior parte das religiões do mundo falam de vida depois da morte. Qualquer que fosse a maneira como a descreveram, foi uma realidade incontestável durante milênios. Há apenas algumas décadas as coisas mudaram. Não será arrogante da nossa parte pensarmos que detemos a verdade absoluta e que os milhões de seres humanos antes de nós estavam todos completamente errados?

Há quem afirme que a noção de renascimento não faz parte do Budismo. Os maiores Mestres budistas contemporâneos são unânimes: a noção de karma e de renascimento são noções budistas fundamentais e a sua negação tem consequências perigosas. Quando os seres não consideram a lei do karma, não pensam nas consequências dos seus atos e acumulam inúmeras causas de sofrimento. Além disso, causalidade

---

[13] *La voie du Bouddha,* Kalou Rinpoche, Seuil, p. 83.

e renascimento são duas noções intimamente ligadas: sem a noção de karma não tem sentido falar de renascimento e sem renascimento a noção de karma apresenta muitas lacunas.

Portanto, podemos abrir os nossos horizontes. Quando um cientista quer elaborar uma nova teoria, formula-a primeiro, com base numa intuição, antes de submetê-la à experimentação e de poder prová-la. Do mesmo modo, antes de pormos de lado, *a priori,* esta possibilidade por que não examinarmos se, à luz destas duas noções, o mundo se torna mais inteligível? Quem nunca se perguntou por que alguns têm tudo e outros são doentes, vivem na miséria, nascem em países onde há guerras, epidemias e toda a espécie de calamidades? Por que dois irmãos, filhos do mesmo pai e da mesma mãe, recebendo a mesma educação, tomam caminhos tão diferentes? Por que crianças pequenas manifestam tão cedo tendências muito marcadas e diversas?

Buda pediu que não seguíssemos os seus ensinamentos só por respeito ou fascínio, mas que refletíssemossobre eles, meditássemos e analisássemos até chegarmos a alguma conclusão sobre a sua veracidade. Você pode seguir o seu conselho e não adotar nem rejeitar estas ideias *a priori*. Mantendo o seu espírito aberto, procure analisar estes ensinamentos, pois, mesmo que não tenha a menor intenção de se tornar budista, nem mesmo de seguir um caminho espiritual, as noções de karma e de renascimento são muito úteis para aprender a viver melhor.

A prisão do samsara

Quando os textos tradicionais falam de "prisão" do *samsara*, insistindo sobre o caráter frustrante e doloroso das experiências que aí se vivem, não é que os Mestres ignorem os momentos de felicidade que também aí se podem encontrar. Mesmo numa prisão, uma refeição melhor ou um passeio ao ar livre são instantes muito apreciados. No entanto, em comparação com a liberdade de olhar para o céu, cheirar

o mar e contemplar o pôr do sol à vontade, os pequenos prazeres de um prisioneiro são coisa pouca.

Como prisioneiros que, resignados com a sua condição, ficam contentes com um maço de cigarros, também nós lutamos por algumas migalhas de bem estar. Nós as obtemos com muito esforço, quase sempre à custa do sofrimento alheio, e pagamos bem caro. Alguns prisioneiros de pena perpétua resignam-se ao encarceramento, outros preocupam-se em melhorar as condições de vida, outros ainda só pensam na liberdade e, para fugir, são capazes de escavar um túnel com uma colher de chá por anos ou de nadar nos esgotos durante dias.

Porque perdemos a memória da liberdade natural do espírito não temos uma tal motivação para escapar do *samsara*, achamos que nascemos na prisão e pensamos que *não há mais nada*. Como pássaro nascido na gaiola, não conhecemos o céu, ignoramos para que servem as asas, nunca sentimos o gosto do vento nem nos embriagamos de luz. Portanto a vastidão do espaço aterroriza-nos.

Estes ensinamentos, vindos de longe no tempo e no espaço, despertam-nos para a realidade da situação. Aquilo que pensávamos ser a natureza inerente à condição humana é finalmente uma condição diminuída, subumana, enclausurada. Os Mestres que veiculam estes ensinamentos são o exemplo vivo do que um verdadeiro ser humano é, do ser que cada um de nós pode se tornar. Ser tocado por alguém que se aproximou da liberdade natural do espírito pode inspirar-nos, levar-nos a reconhecer a realidade da situação em que estamos e querer melhorá-la.

Quem está totalmente resignado talvez nunca chegue a ouvir estes ensinamentos e, se ouvir, demonstrará indiferença. Mas quem procura melhorar a sua situação pode, graças a eles, obter renascimentos nos mundos superiores, em lugares e situações agradáveis, onde estará rodeado por seres que o respeitam e lhe querem bem.

Por fim, se pertencemos à classe dos irredutíveis apaixonados pela liberdade, podemos utilizar estes ensinamentos para melhorar as nossas condições de vida e caminhar rumo à libertação, à alforria

definitiva do sofrimento, tornando-nos então uma fonte de inspiração para os outros.

Desenvolver a compaixão

Por vezes, ao contemplarmos o mundo e os seus horrores sentimos uma grande revolta. De vez em quando os mais idealistas de nós gostariam de ser o super-homem, ou qualquer justiceiro todo-poderoso que desse de comer aos famintos, ajudasse os doentes, tirasse aos escandalosamente ricos o que faz falta aos miseráveis...

Conhecendo a natureza kármica de todos os fenômenos, sabemos que os seres que morrem de fome, são torturados nas prisões políticas ou nascem já portadores de doenças horríveis foram, em outras vidas, assassinos e carrascos perversos. Ao olharmos para os que sofrem devemos lembrar-nos que, tal como nós, todos eles apenas desejam ser felizes. Por estranho que pareça, foi com essa intenção que cometeram as ações cujos resultados criaram a presente situação. Devemos sentir uma grande tristeza ao constatar que se enganaram e, enquanto buscavam a felicidade, sofreram e fizeram sofrer muita gente. Por outro lado, como poderíamos julgá-los se não sabemos de onde viemos, quem fomos, nem o que fizemos? Quem nos garante que não cometemos atos ainda piores, cujos resultados estão para vir?

Quando estamos na sala de espera do dentista e ouvimos o barulho do "motorzinho" arrepiamo-nos porque sabemos que a nossa vez vai chegar. O espetáculo do sofrimento alheio deveria ter o mesmo efeito sobre nós: a qualquer instante podemos estar no lugar do outro. *Conhecer a lei do karma gera naturalmente a tolerância e a bondade por todos os seres e reduz a discriminação que fazemos entre eles pela consciência de que, quando refletimos bem, a diferença entre o carrasco e a vítima é uma questão de tempo.*

Quando vemos um ser num sofrimento atroz, temos de saber que sofre as últimas consequências dos seus atos. Se pudermos, devemos

fazer tudo o que está ao nosso alcance para suavizar o seu sofrimento, ajudá-lo a tirar lições daquela situação e alertá-lo para a necessidade de mudar de conduta no futuro. Sem nos sentirmos desligados, diferentes ou superiores e sem fazermos julgamento de valor, nada nos impede de tirar lições de todas as situações que nos rodeiam, mesmo se não nos disserem respeito diretamente.

Pessimismo ou realismo?

O Budismo é por vezes acusado de pessimismo. É verdade que hoje em dia se tornou inconveniente – para não dizer obsceno – falar de doença, de morte, de velhice ou de sofrimento. Compreende-se: apesar dos celulares, dos elevadores, dos telefones, da internet, dos microondas e de todos os botões a que os nossos dedos se habituaram, talvez nunca tenha existido uma sociedade cujos membros estivessem tão mal preparados para o sofrimento. Não sabendo que sentido dar à nossa existência, ficamos aniquilados e perdidos diante de um sofrimento absurdo e imprevisto. Os mais lúcidos têm a impressão de terem sido ludibriados: tinham-lhes prometido que a tecnologia, a medicina, a assistência social e o casamento iam fazê-los felizes, mas ninguém lhes tinha explicado que também iam sofrer, envelhecer, adoecer e morrer.

Se o Budismo se limitasse a fazer o inventário de todos os sofrimentos do *samsara* sem apontar uma saída e sem explicar como fazer para se rodear de condições favoráveis, poderíamos com razão dizer que seria uma visão pessimista da vida. Mas se Buda falou de sofrimento foi justamente para que abríssemos os olhos à verdadeira condição do *samsara* e nos propuséssemos percorrer o caminho que conduz ao bem estar e à felicidade que nos cabem. Por outras palavras, se refletirmos sobre estes ensinamentos e os aplicarmos, poderemos dar sentido à nossa existência e encontrar a paz e a felicidade duradouras.

Certas pessoas poderão pensar que não vale a pena tanta insistência: o nosso conhecimento da condição humana basta. Para que lembrar constantemente coisas tristes? O problema é que a nossa relação com o *samsara* assemelha-se àquelas ligações sentimentais conturbadas em que, embora as pessoas reconheçam que não são feitas para se entender, não conseguem separar-se e passam a vida em brigas e reconciliações. Também nós, cada vez que as coisas correm melhor, nos esquecemos dos maus momentos e temos a ingenuidade de pensar que "desta vez, sim, tudo vai mudar".

Perguntas mais frequentes

Segundo a ideia de renascimento, como podemos explicar o aumento da população? Somos seis bilhões e éramos apenas um bilhão no princípio do século XX. De onde vieram todos estes seres humanos?

Há duas respostas possíveis. Em primeiro lugar o nosso sistema solar não é o único lugar habitado no universo. Por outro lado, não nos podemos esquecer que os seres dos mundos inferiores podem renascer como humanos.

Diz-se que para renascermos como humanos é preciso um karma muito positivo. Quando observamos o aumento da população mundial devemos concluir que há cada vez mais seres com um bom karma?

É uma maneira de ver as coisas... Se observarmos o mundo atual, veremos que há cada vez mais violência e poderemos constatar uma certa degeneração na qualidade da vida humana. Os valores humanos estão em declínio – dignidade, honestidade e coragem, são valores ultrapassados. Como a qualidade da vida no mundo humano está diminuindo, isso significa que a quantidade de karma positivo necessário para se nascer no mundo humano é menor do que há dois mil anos e que, por conseguinte, o corpo humano é acessível a um maior número de seres.

3
A Instabilidade do Mundo

O mundo não nos oferece a menor segurança. Tudo muda a cada instante. Ao sairmos de casa de manhã, nunca sabemos se, quando voltarmos à noite, tudo vai ser igual. Para escaparmos ao sentimento de insegurança que esta constante mudança gera, apegamo-nos a uma quantidade de pequenas coisas que preenchem o nosso cotidiano e criam a ilusão de uma certa estabilidade. Mas essa estabilidade é precária e nada garante que o nosso mundo não vai desabar de um momento para o outro. Como podemos encontrar, no meio deste movimento perpétuo, um torrão de terra firme onde pousar os pés?

O mundo subatômico é um mundo de ritmos, de movimentos e de mudanças incessantes.

Fritjof Capra

Compreende que tudo o que nasce morre
Que tudo o que está junto se dispersa
Que tudo o que está unido se separa
E que tudo, absolutamente tudo, é desprovido de essência:
Renuncia às vãs atividades mundanas.

Shabkar

A tomada de consciência da natureza transitória de todas as coisas permite a estabilidade e leva-nos a apreciar cada dia como se fosse o último. Inverte-se assim o apego que

nos acorrenta aos objetos efêmeros da vida e podemos interessar-nos cada vez mais pelos valores duradouros, como a energia criadora gerada pelo desenvolvimento da generosidade, da ética, da paciência, do entusiasmo, da meditação e da sabedoria.

Tenzin Gyatso, Décimo Quarto Dalai Lama

A impermanência

Esta manhã estava um sol radioso e agora nuvens negras desfilam no céu, ameaçando tempestade. A frieza do inverno sucede-se à nostalgia do outono, a primavera traz um sopro de esperança. As sementes lançadas à terra germinam, transformando-se em plantas que dão frutos. Tudo corria bem na empresa quando perdemos um contrato, uma venda ou um negócio único. Tínhamos uma vida sentimental estável e de repente descobrimos que o nosso cônjuge tem uma aventura extraconjugal. A cada instante tudo pode mudar. Levantamo-nos deprimidos, estamos felicíssimos à hora do almoço e zangados à noite. Se, no decurso de um só dia, passamos por vários estados de espírito tão extremos quanto contraditórios, quem nos garante de que será feito o dia de amanhã?

Todas as mudanças que acabei de mencionar passam-se de maneira perceptível, mas são apenas a parte visível de um *iceberg*. A cada milésimo de segundo as partículas que compõem tudo o que existe movem-se, vibram e combinam-se de mil e uma maneiras. A cada milésimo de segundo o nosso espírito vacila, salta de um pensamento a outro, regista milhares de referências que provocam apegos e aversões múltiplas e incoerentes.

Nunca somos exatamente os mesmos, instante após instante. A pessoa a quem chamamos "marido" ou "mulher" também não. Mas, nas nossas relações com o mundo e os seres, não estamos conscientes

dessas mudanças e ficamos chocados quando as coisas não se passam como esperávamos. *Acreditamos que o mundo é estável e sólido, que o casamento, o trabalho, a casa, o corpo e a personalidade são valores seguros. Mentira! Tudo é movimento incessante, tudo é tênue, vaporoso e sutil como as galáxias que vemos em fotografia. Queríamos pousar os pés em terra firme? Tudo é um alucinante e frágil balé de partículas.*

Sendo esta impermanência uma realidade que todos constatamos, por que falamos dela como se se tratasse de uma catástrofe sem precedente, de uma brincadeira de mau gosto, de uma má-fé inconcebível? Por que passarmos a vida inteira lutando contra algo que faz parte da natureza das coisas? Por que ficarmos tristes e desalentados quando a mudança nos atinge? Temos uma visão do mundo totalmente irrealista: tudo é animado de um perpétuo e intenso movimento, uma dança alucinante de partículas que vibram e se movem a velocidades vertiginosas, mas persistimos em crer que se tratam de coisas sólidas, fixas e imutáveis. Como podemos queixar-nos das mudanças que nos abalam? É como se, sem ter consultado o termômetro, decidíssemos que está calor na rua e saíssemos de manga curta. Como poderíamos queixar-nos se estivessem 15 graus negativos e passássemos frio?

Os ensinamentos budistas insistem muito na impermanência para que deixemos de viver no mundo fabricado pelo nosso espírito e passemos a viver no mundo tal como ele é.

Impermanência e vacuidade

Imagine que você está dirigindo seu carro quando um policial o manda parar. Você encosta o carro, com a agradável sensação de não ter razões para se preocupar porque tudo está em ordem. O policial pede-lhe a carta de motorista e, com a consciência totalmente tranquila, você procura a carteira que guardou no bolso. O bolso está vazio, a carteira desapareceu. Você tem a impressão de receber um murro no estômago, sente o chão fugindo debaixo dos pés.

Quando algo que julgávamos sólido de súbito acaba, sentimos algo parecido. Quando perdemos o emprego garantido, quando, ao chegarmos em casa mais cedo que de costume, descobrimos a nossa mulher na cama com outro, quando o amigo com quem acabamos de falar morre num acidente de moto minutos depois... Quando coisas aparentemente estáveis desaparecem com tanta facilidade como, em alguns minutos, a bruma matinal se dissipa, sentimos uma profunda surpresa perante a fragilidade de nossa situação.

Esta surpresa de não encontrar o que esperávamos, o que tínhamos a certeza de encontrar, remete-nos para uma noção fundamental do Budismo: a Vacuidade. Vacuidade não quer dizer vazio ou nada. Vacuidade refere-se sobretudo à desilusão que sentimos quando *não encontramos aquilo que esperávamos encontrar, a existência intrínseca, sólida e estável dos fenômenos.* Então, por ela não estar presente quando pensávamos que estivesse, dizemos que a realidade está "vazia", ou seja, é desprovida de existência intrínseca.

A natureza da Vacuidade é a interdependência dos fenômenos. De maneira pragmática e inconsciente, concebemos e lidamos com os objetos como sendo independentes uns dos outros e do contexto. Temos a certeza de que este livro é exatamente o mesmo, quer esteja pousado em cima da mesa, quer esteja arrumado numa estante. Para nós não existe nenhuma ligação entre o livro e a mesa, nem entre sujeito e objeto. No entanto, esta noção empírica não corresponde à realidade.

Por exemplo, temos a noção que o peso é uma qualidade inerente aos objetos, independente da situação em que se encontram. No entanto, diz-nos a ciência que o peso de um objeto é determinado pela força da atração que a Terra exerce sobre ele. O mesmo objeto que tem um certo peso na Terra, seria bem mais pesado em Júpiter, bem menos na Lua e não teria peso algum no vazio. Uma vez que o peso varia em função das circunstâncias, não podemos afirmar que se trate de uma qualidade inerente ao objeto. Por isso no Budismo dizemos que o objeto é "vazio" de peso. No entanto, essa Vacuidade é uma Plenitude pois esse mesmo objeto pode manifestar uma infinidade de pesos.

A sua natureza é um vasto potencial capaz de manifestar qualquer peso, em função do contexto em que se encontra e, por conseguinte, fora de qualquer contexto não tem sentido falar de peso.

É o que exprime Sua Santidade o Dalai Lama ao afirmar: "Quando nos debruçamos sobre a questão, compreendemos que no final de contas é impossível isolar um fenômeno do contexto de outros fenômenos. Só podemos falar em termos de relações."[14]

O Budismo fala da natureza da realidade como sendo "vazia" de solidez, de estabilidade e de independência, qualidades que sobre ela projetamos habitualmente. Se refletirmos bem, não encontraremos um único fenômeno que não dependa de outros. O que é uma mesa senão um conjunto de pedaços de madeira de formas diversas? Para obtê-la foram precisas uma ou várias árvores e várias pessoas para cortá-las e dar-lhes forma. Como podemos reconhecer e definir uma mesa sem ser em relação a outros objetos, assinalando, por exemplo, o que tem de comum com um banco e de diferente em relação a uma cômoda?

Com um pouco de análise, mesmo um leigo chega à conclusão de que é impossível isolar um fato ou uma situação de um contexto complexo de causas e condições. Esta visão é perfeitamente compatível com a visão científica do mundo, como exprime Heinsenberg ao afirmar: "O mundo surge como um tecido complexo de acontecimentos, no qual se alternam, sobrepõem parcialmente ou combinam diversos tipos de conexões, determinando deste modo a trama do conjunto"[15]. É também o que exprime B. Allan Wallace, quando afirma: "Enquanto não examinamos os fenômenos atentamente, eles parecem existir por si, independentes das construções conceituais. Mas assim que lhes aplicamos este tipo de análise tornam-se inconsistentes."[16]

---

[14] *Ética para o Novo Milênio*, Dalai Lama, p. 36.

[15] *Physics and Philosophy*, W. Heinsenberg, p. 107.

[16] *Science et Bouddhisme*, p. 155.

Isolar um fenômeno e considerar que ele tem um princípio e um fim é pura abstração mental. Consideremos uma mesa. Normalmente diremos que foi criada no dia tal às tantas horas quando o carpinteiro acabou de construí-la. Mas na mesa está a árvore, na árvore a semente, a terra, o ar, o sol, a chuva, etc. A mesa não nasceu do nada e também não vai desaparecer um dia. É apenas um instantâneo num infindável processo de constante transformação e interação e, como tal, o conceito "mesa" é uma convenção. É por esta razão que, do ponto de vista do Budismo, não faz sentido procurar a causa primitiva da criação do universo. Se essa causa existisse, teria de ter nascido do nada e existir por si, *fora de qualquer contexto.* O que significaria dizer que pode existir branco sem preto, dia sem noite, etc. Dentro da relatividade, todos os fenômenos, sendo interdependentes, têm de coexistir e não podem ser isolados uns dos outros.

Na nossa experiência de todos os dias, temos a impressão de que o mundo existe independentemente da nossa consciência. No entanto, os animais, por exemplo, não vêem as cores, as formas, etc., como nós. O mundo que nós percebemos é o resultado da interação entre os fenômenos, os sentidos e a consciência. O mundo não tem uma existência independente da nossa consciência. A física quântica chegou a esta mesma conclusão: no nível das partículas quânticas a presença do observador modifica os resultados da experiência.

Estendendo esta análise a todos os fenômenos, objetivos e subjetivos, o Budismo nega também a existência intrínseca do sujeito ou "eu". É importante compreender que, ao fazê-lo, o Budismo não está postulando que a consciência de existirmos seja desprovida de qualquer fundamento. Tal como qualquer outro fenômeno, o eu é "vazio" de independência, de solidez e de estabilidade. Com efeito, aquilo a que chamamos "eu" é a combinação de inúmeros fatores, especificamente do corpo e do espírito. O corpo é um conjunto de órgãos e de funções e depende de uma grande quantidade de fatores externos tais como o oxigênio, a água, os alimentos, a proteção dos outros seres humanos, etc. Por conseguinte, não é um organismo

independente. Sendo composto por partículas e muitíssimo vazio, a sua solidez é apenas aparente. E como poderia ser estável quando novas células nascem e outras são eliminadas, quando todas as partículas que o compõem vibram e se transformam a cada instante?

Analisemos agora a consciência: será ela um fenômeno independente, sólido e estável? Como vimos no capítulo anterior, existem vários níveis de consciência: grosseira, sutil e muito sutil. A consciência grosseira engloba todos os fenômenos mentais que surgem bruscamente pela conjunção de diversos fatores causais. O nível sutil é a consciência das emoções que nascem da convergência de causas e condições e terminam quando cessam as circunstâncias que as suscitam. Estes dois primeiros níveis dependem do funcionamento cerebral bem como dos órgãos dos sentidos e do sistema nervoso. Surgem em interdependência com os fenômenos, são instáveis e não possuem realidade intrínseca. Quanto ao nível mais sutil, esse fluxo de capacidade cognitiva não dual é composto por uma sucessão de instantes infini-tesimais e não possui existência ontológica. Como afirma Sua Santidade o Dalai Lama: "Podemos perguntar se esse fluxo de espírito-energia muito sutil também existe apenas de modo convencional ou se tem alguma existência substancial, contrariamente a todo o resto? Na verdade a sua existência é puramente convencional e este ponto é essencial."[17]

Uma imagem simples pode ajudar a compreender a diferença entre a noção de entidade intrinsecamente existente e o "eu" na perspectiva budista: quem nunca tenha visto e não saiba o que é pode pensar que um enxame de abelhas é um ser único. Quando as abelhas se juntam à volta da rainha para formar uma nova colônia, aglutinam-se num "cacho" que se move em perfeita sincronia. Esse "cacho" é composto por milhares de abelhas e existe enquanto as abelhas estiverem juntas, mas não tem o estatuto de "entidade", no sentido ontológico, por

[17] *Sleeping, Dreaming, and Dying*, Dalai Lama, p. 92.

ser *formado por abelhas que a qualquer momento podem se separar, ou seja, por ser composto, instável e interdependente.* Atribuir a esse conjunto de elementos interdependentes uma realidade ontológica é a mesma coisa que tomar a corda por uma serpente, ou seja, ver algo que lá não está. Do mesmo modo, enquanto todos os fatores físicos e mentais estão reunidos eles funcionam como um indivíduo, mas esse indivíduo não tem "entidade" ontológica porque a sua existência depende da interdependência de todos os fatores. Assim, fundamentalmente, o "eu" também só pode ser concebido como uma rede de interdependências e, por conseguinte, embora funcione, não tem o tipo de realidade que geralmente lhe atribuímos.

Esta visão filosófica está expressa no seguinte poema tibetano:

Vacuidade não significa ausência de funcionalidade
Mas sim ausência de realidade, de existência absoluta.
A produção em interdependência não implica realidade intrínseca
Mas um modo semelhante a uma ilusão.
Quando se compreende o sentido da Vacuidade e da produção interdependente,
Pode-se assentar sobre essa base única, simultaneamente
E sem contradição, as noções de aparência e de vacuidade.[18]

Impermanência e sofrimento

Um ente querido parte, a nossa situação altera-se, quantas mudanças da vida nos fazem sofrer! Muitos dos sofrimentos humanos vêm desse movimento perpétuo, dessas incessantes transformações. Os amigos tornam-se inimigos, os filhos que criamos com carinho deixam-nos, tudo, absolutamente tudo, pode ser causa de sofrimento.

---

[18] Citado por Mathieu Ricard, *L'infini dans la paume de la main,* p. 95.

Comemos um prato delicioso e não o digerimos; estamos no auge da felicidade e abrimos falência; qualquer posição confortável pode se tornar incômoda; qualquer situação agradável pode transformar-se num pesadelo. Muitos dos nossos problemas vêm, como já dissemos, de não vivermos em harmonia com a natureza do mundo. Embora conheçamos a ação da impermanência, vivemos como se ela não existisse. Envolvemo-nos em projetos a longo prazo sem sabermos se amanhã ainda estaremos vivos. A nossa atitude é tão absurda quanto a de alguém que alugasse um quarto num hotel por alguns dias e, não gostando da decoração, decidisse pintar as paredes, mudar os móveis e os cortinados. Ainda não teria acabado quando chegasse a hora de partir.

Temos tendência para pensar na impermanência como algo que nos priva do que amamos. Não podemos esquecer, porém, que é também graças a ela que nos libertamos do que não desejamos. Nem sempre vai chover, nem sempre seremos infelizes. Quando estamos no mais fundo da depressão, só podemos voltar para cima.

A divisa "tudo muda" é uma chave de ouro que deve acompanhar-nos a cada passo da existência. Na felicidade, como no sofrimento, é muito importante lembrarmos que todas as situações são apenas momentos de um processo, um instantâneo de um filme. Então, se conseguirmos relaxar, seremos como o recém-nascido atirado à água: flutua sem esforço porque não se debate.

Impermanência e liberdade

Os Mestres budistas aconselham-nos a pensar constantemente na impermanência. Em vez de considerarmos que se trata de um pensamento mórbido que conduz à depressão ou ao pessimismo, pensemos na liberdade que esse tipo de visão do mundo nos oferece.

Na verdade, muitas vezes desejamos a mudança. Por exemplo, não gostamos do nosso trabalho, os horários não nos convêm e detestamos o ambiente profissional. Estamos absolutamente fartos,

só pensamos em mudar, mas temos a impressão de que isso nunca vai acontecer. Ora um dia, inesperadamente, recebemos um telefonema de um amigo com uma tentadora proposta de trabalho. Embora na aparência a situação continue igual, durante as semanas ou os meses que faltam para deixarmos o emprego, tudo parece mais leve, mais fácil de suportar, até mesmo as relações com os colegas de trabalho se tornam mais agradáveis. Inacreditavelmente chega mesmo a acontecer que, nos últimos dias ou semanas, acabemos por ter pena de mudar. O fato de sabermos que a situação está chegando ao fim, ou seja, de descobrimos o seu caráter impermanente, aliviou toda a tensão e deu-nos liberdade para encará-la sob um ponto de vista diferente.

O mesmo acontece por vezes nas relações sentimentais. Vivemos com alguém há vinte anos e a pessoa tornou-se parte "da mobília". Mal reparamos nela. Estamos tão mergulhados numa tépida rotina que nem sequer desejamos mudar. Até o dia em que a pessoa ameaça deixar-nos... Nesse dia acordamos e descobrimos subitamente o lugar que ela ocupa na nossa vida. Recomeçamos a oferecer-lhe flores, a dizer que a amamos e a acender velas para o jantar e, se não for tarde demais, talvez a magia volte.

Quantas pessoas começam realmente a apreciar a existência quando sabem que lhes restam apenas alguns meses de vida! Quantas só reconhecem o bem precioso que a vida é por terem escapado à morte! É impossível negar o impacto positivo, verdadeiramente libertador, que a impermanência pode ter na existência ao trazer-lhe frescura, liberdade, desafogo e uma capacidade de apreciação das coisas pelo seu justo valor. Por nos aproximar da realidade da existência, a meditação sobre a fragilidade do mundo é um fator altamente dinamizador.

Talvez não precisemos de circunstâncias tão dramáticas para tomarmos consciência da impermanência, talvez não tenhamos de ser condenados à morte para começar a viver, se aprendermos a dar leveza e magia à nossa vida meditando a todo instante que "tudo muda".

Impermanência e estabilidade

A consciência da fragilidade dos fenômenos faz-nos compreender que não é neles que vamos encontrar a estabilidade procurada. Nada neste mundo é confiável, nada é terra onde possamos pousar confiantemente os pés. Aprendemos que a nossa ânsia de estabilidade nunca encontrará satisfação em fenômenos, objetos, pessoas e situações, cuja natureza é fragilidade e movimento. Essa compreensão levanta em nós questões importantíssimas: como dar sentido à vida de forma permanente? Como continuar a ter vontade de viver quando se perdeu tudo aquilo que mais se amava? Procurar resposta para tais questões remete-nos para a ideia de transcendência.

4
Vida, Morte e Renascimento

Quem nunca percebeu que cada dia a mais é um dia a menos? O tempo passa sem nunca parar e a morte é a nossa única certeza. É uma evidência que não devia suscitar nem medo nem esperança se, como no Oriente, em vez de evitarmos pensar nela, nos preparássemos como o desportista para a competição ou o guerreiro para o combate.

Embora se trate de uma inelutável realidade, no Ocidente é inconveniente falar da morte, pensar nela, encarar a sua eventualidade. O nosso terror é tal que não a mencionamos senão de forma indireta, chegando mesmo a recusar aos seres que mais amamos o direito de saberem que estão condenados. Como não sabemos como lidar com ela, a morte enche-nos de consternação. Para nós, é como se não fizesse parte da vida: uma aberração que preferimos ignorar. No entanto, morrer com dignidade é pelo menos tão importante como viver com retidão. E como podemos enfrentar algo que passamos a vida tentando ignorar?

> A morte é certa mas a hora da sua chegada não. Neste preciso instante tens boa aparência e vendes saúde, mas logo à noite, amanhã ou depois de amanhã, podes ser um cadáver purulento e fétido. Aconteceu a muita gente! E no entanto nenhuma dessas pessoas imaginou que estaria morta no dia seguinte.
>
> *Shabkar*

> **Enquanto Budista encaro a morte como um processo natural, uma realidade que aceito durante esta existência terrestre. Sei que não posso escapar-lhe e portanto não vejo razão para me inquietar.**
>
> *Tenzin Gyatso, Décimo Quarto Dalai Lama*

Em muitas sociedades humanas a morte foi considerada uma iniciação, o limiar de uma grande passagem, uma porta dando acesso aos mistérios do mundo raramente acessíveis aos vivos. Cada civilização teve uma abordagem da morte e uma sabedoria próprias. A sociedade moderna é particularmente incompetente diante da morte. Na nossa concepção do mundo não cabe essa aberração, esse monstro, esse pesadelo. Embora seja a nossa única certeza, estamos tão mal preparados para lhe fazer face que, com frequência, os doentes e as famílias não estão prontos para ouvir a verdade. Mas será normal que uma sociedade humana, que se considera tão desenvolvida, não saiba preparar os seus membros para algo que é, entre todas as coisas, inevitável? Não será isso uma enorme e imperdoável lacuna?

Hoje rimos do puritanismo do início do século XX e da ignorância das jovens de então sobre a sexualidade. Achamos que não lhes falar de sexualidade era uma maneira incorreta de prepará-las para a vida, uma lacuna grave causadora de muito sofrimento e frustração. Porém temos exatamente a mesma incompetência em relação à morte: fazemos dela um assunto a evitar. Não estamos preparados nem preparamos os nossos filhos, não sabemos como enfrentar a morte de um parente ou de um amigo e muito menos a nossa própria morte, não sabemos como integrá-la na nossa concepção do mundo. Ficamos aterrorizados e impotentes perante essa separação inevitável e irreversível que nos torna incapazes de acompanhar e dar apoio aos seres que nos são queridos.

Em outros tempos e em sociedades menos materialistas, a morte era encarada como um processo natural. Ainda hoje certas pessoas, que acompanharam um familiar nos seus derradeiros instantes, reconhecem que essa experiência mudou a sua perspectiva do mundo, que as fez amadurecer e apreciar a vida.

Com a sua experiência milenar, o Budismo propõe respostas sobre o que nos espera no limiar da morte e para além dela, oferecendo conselhos sobre como nos prepararmos e ajudar os outros a preparem-se para esse momento derradeiro.

Aceitar o sofrimento

Quando um dos nossos parentes ou amigos adoece, podemos ajudá-lo a viver a doença da melhor maneira possível. Com coragem e determinação devemos apoiá-lo na sua luta contra a doença. Essa luta não consiste apenas em encontrar um bom médico e uma terapia adequada mas significa também ajudá-lo a adotar uma atitude mental que favoreça a cura.

"Mesmo não tendo qualquer realização espiritual, quanto mais nos descontrairmos, menos importância damos à doença. É uma verdade prática que todos podemos compreender e guardar em mente. Quando a atitude é positiva, sentimos menos angústia e o corpo tem mais capacidade para se curar. Por muito estranho que pareça, é possível aceitar a doença quando ela se manifesta. O Budismo a vê como uma vassoura que varre as atitudes e os atos negativos acumulados."[19]

No capítulo seis você encontrará várias maneiras de enfrentar e aceitar o sofrimento, mas o primeiro passo consiste em reconhecermos que somos responsáveis por tudo o que nos acontece. É muito

[19] *L'infini pouvoir de guérison de l'esprit*, Tulku Thondup, Le Courrier du Livre, p. 124.

importante ajudar o nosso amigo ou familiar a não pensar que é vítima de uma injustiça do destino.

Em seguida é bom lembrar-lhe de que está longe de ser a única pessoa a sofrer – o número de seres que sofrem tanto ou mais que ele é incalculável. Se estiver no hospital, não lhe faltarão exemplos de pessoas mais novas, mais fracas ou mais doentes. E, mesmo se o seu sofrimento for grande, faça-lhe notar a sorte de ter um médico dedicado, estar num bom hospital, ter familiares e amigos que o rodeiam de atenções e de carinho e por aí fora. Quaisquer que sejam os argumentos, chame-lhe a atenção para os lados positivos da situação, mostrando-lhe como poderia ser infinitamente pior. Quanto mais ele adotar uma maneira positiva de ver, mais fácil será suportar a doença.

Revoltar-se contra a situação apenas piora as coisas: ficamos amargos e tornamo-nos um peso para os que nos rodeiam. As enfermeiras cansam-se das nossas queixas intermináveis e atitudes desagradáveis e não são tão rápidas quando as chamamos, os parentes e amigos afastam-se e a nossa situação torna-se cada vez mais desesperadora. Devemos ajudar o nosso amigo ou parente a enfrentar o sofrimento com uma atitude positiva que não seja uma mera resignação passiva, mas a firme determinação de transformar a adversidade numa oportunidade para desenvolver a coragem, a compaixão e a dignidade humanas.

O poder curativo do espírito

Manter uma atitude positiva não é útil apenas em nível psicológico. Mesmo em nível físico a atitude positiva pode ajudar muito na luta contra a doença. Mas este importante papel desempenhado pelo espírito não exclui, de forma alguma, a assistência médica propriamente dita. É imprescindível que o nosso amigo ou familiar siga um tratamento adequado com terapeutas competentes que lhe inspirem confiança e cujas decisões estejam em harmonia com as suas opções. Existem inúmeros casos em que, apesar do diagnóstico

pessimista, graças a um estado de espírito particularmente positivo, certas pessoas puderam prolongar a sua vida por vários anos ou mesmo curar-se. No pior dos casos, mesmo que a doença seja mortal, o fato de cultivar uma atitude positiva ajuda nesta vida e prepara uma próxima existência melhor. Mais ainda, é possível treinar o espírito a agir sobre a própria doença graças à meditação, com base nos exercícios simples que são descritos no último capítulo.

Para tal, pode ser importante utilizar uma fonte de poder que nos ajude a transformar o sofrimento. O que se entende por "fonte de poder"? Uma fonte de poder é qualquer ideia, imagem ou representação mental que, pelos sentimentos que nos inspira, nos permite operar uma transformação profunda no nosso estado de espírito e, por extensão, no nosso próprio metabolismo. É importante compreender que a fonte de poder não tem de ser um objeto com um poder especial, uma espécie de amuleto com poderes "mágicos". *Não é o objeto ou a representação mental que opera a transformação, mas o nosso próprio espírito.* A fonte de poder é apenas um instrumento ou um meio hábil para despertarmos a energia e a sabedoria interiores, polarizando-as graças a uma imagem ou uma ideia específica.

Uma história tibetana muito conhecida ilustra perfeitamente o que acabo de dizer. Há tempos existiu no Tibete uma mulher já idosa e muito devota cujo filho era negociante e fazia frequentes viagens à Índia. Cada vez que ele partia, a mãe pedia-lhe uma relíquia da Índia – país onde vivera Buda. O filho, muito ocupado com seus negócios, esquecia-se sempre. Os anos passaram e um dia, estando ele de partida, a mãe disse-lhe que estava chegando ao final da vida e que, por conseguinte, ou ele lhe trazia a relíquia que ela tanto desejava ou talvez ela já não estivesse viva na próxima vez que ele partisse. Estas palavras comoveram o filho, que prometeu não se esquecer.

Na Índia, o pedido da mãe varreu-se-lhe da mente e foi só no caminho de volta que, ao avistar a casa materna, se lembrou de repente. Ficou em pânico: como podia ele mais uma vez dizer à mãe que se esquecera dela? Desesperado, olhou à volta: à beira do caminho a caveira

de um cão parecia rir-se dele. Subitamente, uma ideia atravessou seu espírito. Baixou-se e arrancou um dente à caveira do cão, embrulhou-o num pedaço de tecido precioso e meteu-o no bolso.

Após as saudações da chegada, a mãe perguntou-lhe se se lembrara do seu pedido e ele respondeu que sim. Fingindo uma grande veneração, o filho estendeu o dente do cão à mãe dizendo-lhe que se tratava de um dente de Buda, uma relíquia verdadeiramente extraor-dinária e milagrosa. Pode-se imaginar a alegria da mãe! Foi com grande emoção, os olhos marejados de lágrimas, que ela pegou o embrulhinho e o colocou no lugar de honra do seu altar doméstico. Com as economias de muitos anos, mandou fazer um relicário em ouro para o guardar e passou os dias em oração diante dele. A sua devoção era contagiante e as pessoas da aldeia começaram também a vir venerar a relíquia de Buda. A fama da relíquia estendeu-se rapidamente pelas aldeias mais próximas e começaram a chegar pessoas vindas de longe para a verem. A velhota viveu feliz o resto da vida, morreu com serenidade e o dente de Buda transformou a vida de muita gente.

Se o poder do nosso espírito é tal que pode transformar um dente de cão numa relíquia preciosíssima, também pode agir sobre o corpo, transformar a doença e mesmo fazer curas. Experiências realizadas nos Estados Unidos provam que sentimentos como a empatia e a compaixão produzem um aumento de certos anticorpos na saliva, reforçando a imunidade.

Portanto, em caso de doença, a fonte de poder pode ser um grande auxílio. O seu parente ou amigo terá de encontrar um objeto, uma cor, uma imagem, um ser que desperte o extraordinário potencial do seu próprio espírito. Sobre esta questão, um Mestre tibetano contemporâneo, vivendo atualmente nos Estados Unidos, escreveu o seguinte:

"Um Budista pode utilizar a imagem, a presença e o poder das bênçãos de um ser espiritual ou de uma divindade, como Buda. Outros poderão apoiar-se na contemplação de Deus ou de uma imagem sagrada, conforme as suas crenças pessoais. A fonte de poder pode ser representada por qualquer forma, entidade, essência ou força positiva –

o sol, a lua, o espaço, a água, uma luz, um som, um cheiro, um gosto –, qualquer forma de energia que tenha o poder de nos inspirar e de nos curar. Por exemplo, podemos visualizar no céu uma esfera de luz clara, pura, brilhante e imaginar que é a pura essência do universo e a personificação das energias curativas."[20]

Quando o seu amigo tiver escolhido uma representação com a qual se sinta em harmonia, que lhe inspire de imediato uma sensação de paz e de força espiritual, terá primeiro de se familiarizar com ela durante algum tempo. Se conhecer as técnicas de meditação, será mais fácil, senão, pode ensinar-lhe os exercícios explicados no último capítulo.

Depois ele poderá visualizar a representação que escolheu diante de si ou por cima da cabeça, tentando sentir que nela estão concentradas todas as energias curativas do universo. Desta imagem partem então inúmeros raios de luz que se dissolvem no seu corpo, sobretudo no membro, no órgão ou na região afetada. No início da meditação, ela deverá ser visualizada como uma zona obscura que, à medida que é tocada pela luz, se vai desvanecendo até desaparecer. O corpo será visto então totalmente luminoso, sem nenhuma mancha ou imperfeição e irradiante de energia positiva.

Durante a meditação, se puder visualizar junto de si outros seres que sofram do mesmo problema e dirigir também sobre eles a luz, o poder transformativo da meditação será maior. Uma vez que é por egoísmo que agimos de modo negativo e que a doença e o sofrimento são o resultado das ações negativas, o altruísmo é portanto o mais poderoso antídoto contra o sofrimento e a dor.

---

[20] *L'infini pouvoir de guérison de l'esprit*, Tulku Thondup, p. 133.

A sentença de morte

Suponhamos que a doença se agrava e que o seu familiar ou amigo tem apenas alguns meses de vida. Como ajudá-lo? Em primeiro lugar, você terá de incitá-lo a não perder a coragem e abandonar a luta. Por outro lado, não o deixe alimentar demasiadas esperanças. Tente dar-lhe todo o apoio necessário, deixando-lhe espaço para atravessar as diversas fases da luta contra a morte e, eventualmente, da aceitação da sua evidência. Faça o possível para enriquecer esse processo com a sua presença calorosa e humana.

Por vezes o médico não quer informar o doente da gravidade da doença e ninguém ousa falar no assunto. Temos de compreender que um doente em plena posse das suas faculdades vai forçosamente dar-se conta da sua situação. Se mesmo um porco ou uma galinha sabem que estão sendo levados para o matadouro, como seria possível um ser humano não sentir a angústia dos que o rodeiam? A maior parte das vezes, se o doente não diz nada é unicamente para não fazer sofrer os familiares. Estes, por sua vez, calam-se para não o fazer sofrer e assim se instala um grande mal-estar. Há silêncios súbitos e pesados, troca de olhares pesarosos, fazem-se projetos para um futuro que nunca virá. E aqueles que mais amamos partem numa atmosfera de mal-entendido lamentável e desonesto.

A atitude de manter o paciente na ignorância pressupõe que, depois de morto, ele terá deixado de existir, terá desaparecido como que por encanto. Portanto, uma vez que a morte não passa de um instante difícil que acaba depressa, não vale a pena fazê-lo sofrer inutilmente. Segundo o Budismo, como vimos, não é nada disso que se passa e a maneira como morremos determina em grande parte o que se passa entre o final desta vida e a próxima.

No nível material, como vimos nada se perde e tudo se transforma. Por conseguinte, os átomos que compõem o nosso corpo, quer este apodreça debaixo da terra, quer seja atirado ao mar e comido pelos tubarões, ou queimado e reduzido a cinzas, não são destruídos,

não cessam de existir. Associam-se com outros e tornam-se terra, planta, estrada, vaca, estrela, céu... Do mesmo modo, em um nível mais sutil, todas as formas de energia continuam um processo de transformação incessante.

Segundo este ponto de vista, não informar o doente e não lhe dar a oportunidade de se preparar para morrer é uma grande crueldade. A amizade pode consistir por vezes em dizer a alguém uma verdade que faz sofrer, mas que evita um sofrimento maior.

Assim, se souber que um dos seus amigos está condenado, tente ter uma atitude mais humana. Com muito carinho espere por um momento propício e diga-lhe a verdade, por mais que isso lhe custe. Aceitar o inevitável não será fácil de imediato. É possível que a pessoa recuse a acreditar de início, acuse os médicos de incompetência, se revolte e tente ignorar a verdade. O processo tem de amadurecer e o nosso apoio reveste-se de uma grande importância.

Pode haver casos excepcionais em que achamos preferível não anunciar a verdade ao doente. Há pessoas com um tal pavor da morte que a verdade as poria num grande estado de pânico. Por conseguinte, pensamos que é preferível que não saibam, de forma a morrer em paz. São casos que acontecem. Porém, não nos podemos esquecer que haverá forçosamente um momento em que a pessoa vai perceber que está morrendo e se encontrará sozinha perante seus terrores, sem possibilidade de receber ajuda. Há que se pesar bem os prós e os contras. Eventualmente, pode-se apelar a alguém que tenha feito um treino de acompanhamento aos moribundos, uma pessoa com a formação, a experiência e a atitude de coração necessárias.[21]

---

[21] Existem serviços de acompanhamento a moribundos em numerosos países mas é possível que ainda não existam no Brasil. Seria uma excelente ideia se profissionais do ramo da saúde se interessassem em criá-los.

Quer a pessoa seja crente quer não, o mais importante é ajudá-la a resolver os conflitos interiores e exteriores, a reconciliar-se com as pessoas a quem fez mal e a perdoar aos que a magoaram e a prejudicaram. É bom que se desapegue dos bens, do *status* social, da fama, da família: em resumo, de tudo aquilo de que gosta e que terá de deixar. Perante a iminência da morte, todas as ações negativas cometidas com fins mesquinhos deixam-nos roídos pelo remorso. Quem praticou o mal pode morrer torturado e rodeado pelos ódios que acendeu. Será particularmente difícil ajudar uma pessoa dessas.

Na medida do possível, é muito importante que a pessoa possa tratar das questões de herança, que possa fazer a partilha dos seus bens enquanto é viva para não sentir remorsos no momento da morte. Além disso, como durante os primeiros tempos após a morte a consciência do defunto pode conhecer os pensamentos dos vivos, será muito penoso assistir às guerras entre os herdeiros se essas questões não estiverem bem definidas.

No estado intermediário ou *bardo,* podemos estar obcecados com trivialidades. Um envelope com algum dinheiro escondido debaixo do colchão pode tornar-se uma obsessão que nos tortura e nos impede de continuar o nosso caminho. Pema Wangyal Rinpoche conta a seguinte história: há cerca de 25 anos, no Tibete, vivia um mendigo que gostava muito do tutano dos ossos – que no Tibete eles costumavam cozinhar na sopa. Este mendigo morreu de repente e durante várias noites os cães do acampamento onde ele costumava pedir esmola ladraram toda a noite, em volta da ruína onde ele se abrigava para comer. Graças a seus poderes de clarividência, o Lama a quem pertencia o acampamento compreendeu que, entre as pedras dessa ruína, o mendigo tinha um esconderijo onde em vida guardava os pedaços de osso que não comia logo. Depois de morto ainda andava por ali, sem conseguir abandonar as reservas de ossos. Como vemos, é importante incitar a pessoa a pensar mesmo nos mais ínfimos detalhes, de maneira a não deixar atrás de si nada que possa perturbá-la mais tarde.

Depois de ter atravessado o processo do seu próprio luto, de ter tratado de todos os assuntos materiais e sentimentais, no melhor dos casos, a pessoa aceita e abre mão. Muitos psicólogos, enfermeiros, médicos ou pessoas que acompanharam familiares ao limiar da morte falam da extraordinária serenidade que emana da pessoa que aceita morrer. Encontrar-se na proximidade de uma tal pessoa é presenciar e participar de uma experiência verdadeiramente humana e dignificante.

De tudo o que vimos até agora, parece bastante óbvio que uma pessoa que tenha feito mal, que termine a sua vida cheia de rancores, remorsos e amarguras enfrentará a morte com angústia e num sofrimento atroz. Terá talvez pouca ajuda por parte dos familiares e amigos e, mesmo que tenha alguma, não terá cultivado a abertura de coração necessária para poder-se comunicar com eles numa base de confiança, calor humano e afeto. Por outro lado, aqueles que levaram uma vida voltada para o bem, para a harmonia e o carinho pelos outros, que têm amigos de coração para os apoiarem nos instantes derradeiros, que não têm nada a lamentar e não sentem remorsos da vida que levaram, têm a possibilidade de enfrentar de maneira positiva e digna todas as dificuldades inerentes à doença, ao sofrimento e à morte e deixar como herança um exemplo reconfortante de humanidade.

Criar um ambiente favorável

Imagine-se operando o seu filho que corre risco de vida, pousando um avião com uma avaria grave ou simplesmente concentrando-se para uma prova oral de uma matéria difícil. Você gostaria de estar rodeado de pessoas em pânico, chorando, agarrando-se a você, correndo de um lado para o outro, aos gritos e proferindo incoerências? No momento em que é necessário o maior sangue-frio, esse tipo de comportamento só perturba e faz perder o controle da situação. Pois o moribundo está passando por sensações desconhecidas e aterradoras. Além dos sofrimentos e da aflição que a doença ou os ferimentos que

o conduzem à morte lhe causam, sente uma grande angústia por saber que vai ter de deixar tudo o que lhe é familiar e partir para um mundo desconhecido. Está extremamente sensível aos pensamentos dos que o rodeiam e capta-os com facilidade. A dor e a tristeza dos familiares ou, pelo contrário, a indiferença, a irritação, a pressa de o ver desaparecer, a ânsia de remexer nas gavetas para encontrar o testamento, as jóias ou o dinheiro, tudo isso é perceptível para ele. A sua situação é muito penosa. Se você fizer parte da família ou for amigo íntimo, se tiver a confiança do moribundo e a aceitação dos familiares, faça tudo o que puder para ajudá-lo.

Com as melhores intenções do mundo, as pessoas escolhem por vezes esse momento para apresentar ao moribundo o neto que ele nunca viu, a filha com quem se tinha zangado, o irmão que pensava morto. Embora possa haver casos em que uma reconciliação *in extremis* seja importante, é preferível, sempre que possível, que ela se passe antes dos momentos finais. É melhor fazer vir os membros da família que a pessoa deseja ver assim que se sabe que ela está condenada. Guardar isso para os derradeiros instantes é levar a pessoa a partir num estado de grande emoção, partilhada pelos familiares e amigos presentes, que a perturba no momento de enfrentar uma prova difícil. Se, por alguma razão, não foi possível contatar essas pessoas que o moribundo deseja ver, então que ele veja apenas as pessoas com quem tem de se reconciliar para partir em paz. Por exemplo, se ele se zangou com uma irmã por questões de herança, se está roído pelo remorso e deseja ser perdoado para partir em paz, é importante que tenha a oportunidade de fazê-lo, mesmo que seja alguns instantes antes de morrer. De contrário, apresentar-lhe um neto que ele nunca viu pode provocar uma grande emoção desnecessária e fazê-lo sentir uma grande dor por não poder ver crescer o neto.

Porém a realidade não é tão simples. Em virtude do terror que a nossa sociedade tem da morte, da falta de compreensão e de preparação das pessoas na abordagem desta questão, é muito difícil conseguir rodear um moribundo de condições ideais. É difícil fazer entender à

família qual a melhor atitude a adotar para ajudar o pai, a mãe, o marido ou a mulher. Emoções poderosas agitam-se à cabeceira dos moribundos. E, ao contrário do que seria de esperar, não são só amor e desespero profundos, mas também ódio, ressentimento, avareza e cobiça pelos bens que ele deixa. Mesmo no melhor dos casos – o de uma família unida que deseja acompanhar com humanidade o seu parente até ao fim – nem sempre é fácil fazer todos entenderem o que é verdadeiramente bom para a pessoa que está morrendo. Por isso, é preciso haver bondade e doçura, uma grande dose de bom senso e de tolerância. Os conselhos que se seguem devem ser aplicados com a maior flexibilidade. Representam aquilo que se poderia fazer **idealmente**. É necessário adaptá-los à realidade da situação do moribundo e da família que o rodeia.

Em primeiro lugar, com calma e suavidade, afaste da cabeceira do doente os que estão emocionalmente mais perturbados. Peça-lhes para voltarem apenas quando se tiverem acalmado e explique-lhes que é para o bem da pessoa que está morrendo. Tente ficar calmo. Pela sua atitude física, verbal e mental, acalme o moribundo, tente incutir-lhe alguma serenidade e confiança. Explique-lhe que ele irá passar por muitas sensações diferentes, mas que não deve ter receio, pois todas elas são naturais, fazem parte da vida como as dores do parto ou as dores de dentes. Todas as percepções que ele terá, sejam boas ou más, não têm nenhum poder sobre ele, são meras alucinações, semelhantes aos sonhos. Diga-lhe para não se preocupar com os filhos, a mulher, o marido ou os amigos porque, mesmo se sentirem sua falta, a vida continua e há sempre solução para tudo. Diga-lhe para não se preocupar com o que deixou – o trabalho, as responsabilidades, o dinheiro, as casas, os bens, as propriedades – porque a partir desse momento tudo isso deixou de ser responsabilidade sua, deixou de lhe pertencer. Ele não precisa de nada para a viagem que vai fazer, e a maneira como os outros vão gerir os bens e as responsabilidades que deixa não é da sua conta. Se foi uma pessoa boa que acredita em alguma forma de vida depois da morte, assegure-lhe que as suas boas

ações não se perdem, que irão acompanhá-lo, que têm o potencial de produzir novas circunstâncias positivas e que portanto não tem de ter qualquer receio.

Deixe falar o seu coração e ele naturalmente encontrará os argumentos que podem ajudar a pessoa a abrir mão, a descontrair-se e a enfrentar o que se passa com serenidade, confiança e uma atitude positiva. Sossegue-a. Se a pessoa tiver alguma crença, fale-lhe da sua fé e tente dizer as palavras certas. Se não tiver, incite-a a fazer as pazes consigo mesma, com todos aqueles que lhe fizeram mal durante a vida e a lamentar sinceramente tudo o que fez de mal. Se achar que isso lhe pode ser útil, leia-lhe um texto ou ponha-lhe uma música de que ela goste e que a acalme. É bom conhecer bem a pessoa e ter criado com ela uma relação de confiança no mínimo durante os meses ou as semanas anteriores de forma a fazer referência a conversas que tiveram, a momentos de intimidade, de abertura e de calor humano que partilharam.

Queime incenso ou essências naturais de plantas para purificar o ambiente, pense positivamente e esteja presente e atento. Tente evitar que as pessoas mais emotivas entrem no quarto de forma intempestiva e faça o possível para preservar uma atmosfera calma e luminosa. No entanto, não esqueça que as circunstâncias que rodeiam a morte de uma pessoa dependem do tipo de vida que levou. Se ela só pensou em enganar os outros, em explorá-los e em discutir com todos, é muito provável que, apesar de todos os seus esforços, você não consiga criar um ambiente sereno à sua volta. Faça o que puder sem criar discussões e sem entrar em conflito com todos a pretexto de querer criar um ambiente sereno, porque agindo assim você obterá o resultado exatamente inverso.

Também não é o momento ideal para levar um crente a abandonar a sua fé, nem um ateu a converter-se. Não choque as pessoas com atitudes incomuns ou desafiadoras, mesmo justificáveis, pois isso acabaria por criar um mau ambiente e perturbar o moribundo. Respeite as crenças da pessoa e dos seus familiares e amigos e utilize uma

linguagem que lhes seja acessível. Em resumo, confie na sua bondade fundamental, concentre-se no desejo de ajudar e deixe falar o coração. Sobretudo não esqueça que o objetivo não é fazer valer as suas ideias ou opiniões, mas ajudar um ente querido a passar a mais rude prova na vida de um ser humano.

Os quatro bardos

No fluxo contínuo da vida, da morte e do renascimento o Budismo reconhece várias fases ou *bardos.* Esta palavra tibetana quer dizer "transição" ou "intermédio". Tecnicamente falando, os textos budistas reconhecem quatro ou seis tipos de bardo, segundo as escolas. Isso quer dizer que no processo contínuo da vida, da morte e do renascimento, o nosso espírito passa por vários modos de funcionamento. Não há um que seja mais verdadeiro que os outros, logo todos eles são "transitórios" ou "intermediários".

A apresentação mais simples fala de quatro bardos. Trata-se do **bardo da vida**, que dura do nascimento até à morte; do **bardo do momento da morte**, que é o processo de agonia e de cessação das funções vitais; do **bardo da vacuidade**, que corresponde ao momento em que a consciência passa pela experiência da luminosidade natural do espírito, ou clara luz; e por fim do **bardo da existência**, que corresponde ao período entre a experiência da clara luz e o renascimento seguinte[22]. Numa apresentação menos técnica, é possível que o leitor encontre simplesmente o termo *bardo*, ou estado intermediário. Nesse caso este termo designa o bardo da existência.

O **bardo da vida** é a vida, tal como a conhecemos. Mas que se passa quando ela acaba, no momento da morte? As sensações

[22] Na classificação em seis bardos acrescentam-se a estes quatro o bardo do sonho e o da meditação.

correspondentes às diversas fases da morte são descritas com detalhe nos tratados tântricos. Existem várias obras traduzidas em francês e inglês que dão pormenores, podendo interessar as pessoas que lidam com a morte. O leitor encontrará alguns desses títulos na bibliografia. Para quem deseja especializar-se nesta área, é possível seguir uma formação especial no acompanhamento dos moribundos. No âmbito do presente livro, pareceu-me mais importante dar informações e conselhos simples que sejam úteis a quem deseje acompanhar um familiar ou um amigo ao limiar da morte e compreender um pouco melhor a experiência que ele vai viver.

Certas pessoas acharão estranho que existam conhecimentos tão detalhados desses instantes decisivos. Mas será assim tão estranho que a completa realização espiritual permita rasgar o véu que nos impede de abarcar todos os processos da existência como um fluxo contínuo? Estes ensinamentos são muito antigos: vêm-nos diretamente de Buda e foram experimentados por inúmeros Mestres ao longo dos séculos. Claro que se apóiam numa visão budista do mundo, mas essa visão e essa experiência fazem parte do patrimônio da humanidade, da memória coletiva da nossa espécie, e portanto não nos são completamente alheias. O fato de as crianças de hoje saberem utilizar os computadores cada vez mais cedo, mesmo que os pais não saibam, prova que a experiência e os conhecimentos adquiridos pelas gerações anteriores se transmite de uma forma que não é apenas hereditária. Também os comportamentos e as experiências humanas, onde quer que tenham sido vividos, são plenamente adquiridos pela memória coletiva da espécie. Por conseguinte, mesmo se estes ensinamentos partem de pontos de vista que não são os nossos, devemos respeitar o que foi vivido e reconhecido por milhares, senão milhões, de pessoas ao longo dos séculos e dos milênios. Por que havemos de deter a verdade absoluta? Por que todos os outros estariam errados?

Quando queremos ajudar um familiar a viver em paz os seus últimos instantes pode ser útil conhecer esses ensinamentos. Quer acreditemos piamente neles ou não, basta não os rejeitarmos *a priori*,

estarmos abertos e aceitarmos aquilo que no momento somos capazes de entender. Em última análise, mesmo que se trate de fábulas ou mitos, o fato de seguir esses conselhos não pode fazer mal a ninguém.

Por outro lado, tanto a pessoa que vai morrer como os familiares e amigos que a rodeiam sentem-se muito perdidos. Os que a amam gostariam de ajudá-la o melhor possível mas nem sempre sabem como e ignoram por completo aquilo que a espera. No limiar da morte, temos de dizer adeus aos que amamos, e a porta que se fecha nesse momento separa-nos para sempre. Se o leitor se encontra nessa situação, mesmo que não acredite plenamente em tudo o que vai ser dito, talvez as linhas que se seguem lhe possam trazer algum conforto e o ajudem a responder às múltiplas questões com que se defronta.

O bardo do momento da morte

No momento da concepção, nossa consciência entra na matriz da mãe e toma como suporte a união das células masculina e feminina. Nos tantras, fala-se da essência branca do pai e da essência vermelha da mãe como sendo os aspectos sutis das duas primeiras células do corpo e diz-se que essas essências se mantêm nele durante toda a vida. Por outro lado, tal como o mundo físico exterior, também o corpo é formado pela interação dos cinco elementos – terra, água, fogo, ar e espaço. Os tecidos estão associados à terra, os fluidos à água, as combustões ao fogo, a respiração ao ar. O espaço é onipresente no corpo. No momento de morrer, estes cinco elementos dissolvem--se uns nos outros e cada etapa deste processo é acompanhada por sensações específicas.

Em primeiro lugar, a terra dissolve-se na água. Neste momento o moribundo perde o tônus muscular, tem a sensação de estar sendo enterrado. Não sustenta a cabeça, não tem força para sentar, perde o controle das secreções nasais e da saliva. Interiormente, tem a sensação que o corpo se tornou muito pesado, como se estivesse esmagado por

uma montanha, incapaz de se mover. Sente-se desidratado e pode querer água. Sente-se confuso e frustrado.

Em seguida a água dissolve-se no fogo. O calor do corpo diminui; as narinas e a boca secam, o espírito está muito perturbado, envolvido num turbilhão de pensamentos desagradáveis. A pessoa pode ter a sensação de estar caindo. Por vezes os olhos reviram e o moribundo não consegue mais fechá-los.

Por sua vez, o fogo dissolve-se no ar. A respiração torna-se ofegante, os membros arrefecem a partir das extremidades. O moribundo tem a impressão de ser levado pelo vento e procura agarrar-se a alguma coisa. O espírito perde a lucidez e a claridade.

O ar dissolve-se então na consciência. A respiração torna-se difícil, a inspiração é curta, a expiração mais longa. O moribundo tem alucinações relacionadas com o karma acumulado nesta vida. Ouvi falar de um açougueiro que trabalhou no matadouro a vida inteira e que, nesta fase das dissoluções, se viu rodeado de porcos que o comiam vivo. Como nesse momento a influência do corpo declina, a influência do espírito sobrepõe-se e as alucinações têm um poder considerável e são extremamente reais. No caso de serem assustadoras, a pessoa pode gritar ou manifestar sinais de terror.

Por último, a consciência dissolve-se na Vacuidade. O corpo retoma um pouco de cor, a respiração cessa por completo e é aquilo que consideramos como a morte, o momento em que o espírito e o corpo se separam. No momento da dissolução da consciência na Vacuidade o moribundo tem a percepção de três tipos de luzes: branca, vermelha e negra.

Falei das essências branca e vermelha que nos servem de suporte no momento da concepção. Essas essências correspondem ao princípio masculino e feminino e durante a vida residem respectivamente no centro sutil do umbigo e da fronte. Nesse momento do processo de dissolução, a essência branca desce da fronte para o coração e o moribundo experimenta uma luz branca semelhante ao luar. Todos os pensamentos relacionados com a aversão desaparecem: mesmo que visse o seu inimigo mortal, não sentiria nenhuma aversão.

Em seguida a essência vermelha começa a subir do umbigo para o coração. O moribundo tem a experiência de uma luz semelhante à do sol. Todos os pensamentos relacionados com o apego desaparecem. Mesmo que visse o objeto dos seus desejos, não sentiria nenhuma atração.

Khyentse Rinpoche especifica que numa pessoa colérica é a essência branca que desce primeiro e que numa pessoa essencialmente movida pelo desejo é a essência vermelha que sobe primeiro.

Qualquer que seja a ordem, depois que esses dois princípios se dissolvem no coração, a consciência perde a faculdade cognitiva. O moribundo tem a experiência da luz negra, semelhante ao céu noturno de um azul muito escuro. Todos os pensamentos relacionados com a ignorância cessam: qualquer o espetáculo que presenciasse não suscitaria nele pensamento algum.

O bardo da Vacuidade e o bardo da existência

No final destas dissoluções, faz-se a experiência direta da luz clara, a natureza fundamental do espírito. Essa luz clara é descrita nos textos como uma "aurora imaculada num céu de outono perfeitamente limpo". Essa é a consciência fundamental, a base de todos os outros níveis de consciência e a única que está sempre presente em todas as fases do contínuo da existência.

Todos os seres vivos conscientes, sejam homens ou mosquitos, a experimentam no momento da morte. É o chamado **bardo da Vacuidade**.

A maior parte dos seres que não aprenderam a reconhecê-la têm medo e "desmaiam", ou seja, caem num estado de obscuridade mental e de inconsciência que dura cerca de três dias. Após esse período, os praticantes budistas experientes vêem surgir as divindades tântricas pacíficas e iradas, em visões descritas no *Livro Tibetano dos Mortos*. Para os seres comuns, sem treino espiritual, estas experiências têm um caráter diferente e são muito fugazes. Sentem-se como no meio

de uma turba imensa, numa cidade, na hora do *rush*, com o barulho ensurdecedor dos carros e dos aviões. A experiência não é das mais agradáveis e a consciência do defunto pode sentir medo.

Depois, as diversas energias sutis ressurgem, a consciência estrutura-se na ordem inversa da sua dissolução: primeiro os pensamentos relacionados com a ignorância, depois os pensamentos relacionados com a aversão e o desejo (ou inversamente). As energias dos cinco elementos manifestam-se de novo e, pela força dos hábitos mentais, o defunto "renasce" num corpo mental cuja forma, durante a primeira metade dos 49 dias do bardo, é muito semelhante à que tinha na sua existência anterior. Este processo de restruturação da consciência marca o início do **bardo da existência**.

Em função dos hábitos passados, o *bardoa* (o ser que está no bardo) experimenta todo tipo de percepções. Como não tem suporte físico desloca-se instantaneamente, ao sabor dos impulsos, das lembranças, dos medos, dos desejos e das aversões. Vê amigos e inimigos, tem fome e sede. Pode sentir-se ameaçado e ter medo de morrer – embora já esteja morto e o seu corpo mental não possa ser atingido. Tudo depende das tendências habituais, do seu potencial kármico latente. O corpo mental e todas as alucinações experimentadas pelo defunto, têm a natureza do sonho, mas com de uma intensidade muito superior. O *bardoa* possui os cinco sentidos e embora as pessoas comuns não o vejam, ele pode vê-las e conhecer os seus pensamentos. Também pode ver os outros *bardoas*.

Todas estas experiências são o resultado do karma. Se o defunto acumulou muitas ações negativas, as experiências podem ser aterradoras. Enquanto estamos vivos, embora o nosso espírito esteja numa efervescência constante, pensando num familiar, na nossa casa, no filme que acabamos de ver, no trabalho, etc., e viaje pelo mundo inteiro instantaneamente, o corpo físico não tem essa capacidade. No bardo, todos os pensamentos que fervilham no nosso espírito concretizam-se de imediato, criando uma realidade extremamente instável e inquietante. Assim, compreendemos a importância da

natureza dos pensamentos que cultivamos durante a vida: se foram de ódio, de rivalidade ou de agressão, o hábito mantém-se no bardo e esses pensamentos concretizam-se imediatamente em situações agressivas, perigosas, medonhas. Nesta fase do bardo, o espírito do defunto pode ter tendência para voltar aos lugares onde viveu, ficando obcecado com as suas preocupações habituais. Sobretudo se morreu de morte súbita, pode ainda não ter percebido que está morto, seguir os entes queridos e tentar estabelecer contato com eles. Como não lhe respondem, fica triste e zangado. Vê desconhecidos tomarem o seu lugar no emprego, os filhos lutarem pela herança, um amigo fazendo a corte à mulher.

Durante a primeira metade do bardo, todas as experiências estão relacionadas com a vida que acabou de deixar. Depois, pouco a pouco, o karma que as cria vai-se esgotando e, na segunda parte, as suas experiências estão relacionadas com a futura existência.

No caso de um karma muito positivo ou muito negativo, a duração deste bardo é curta e o ser renasce rapidamente num mundo superior, no primeiro caso, ou um num mundo inferior, no segundo. Certas ações extremamente negativas, chamadas "com efeito imediato"[23], fazem renascer de imediato nos infernos sem passar pelo bardo da existência. No caso de impregnações kármicas leves ou misturadas, o bardo pode durar mais tempo. Portanto, a duração deste bardo é variável e o renascimento pode dar-se após uma semana, duas, três ou mais, até sete. Excepcionalmente, certos bardos podem durar um ano ou mais.

---

[23] Matar o pai ou a mãe, um Arhat (um ser espiritualmente realizado), derramar o sangue de um Mestre espiritual com má intenção e criar uma cisão numa comunidade religiosa.

O renascimento

Como dissemos, durante a segunda metade do bardo da existência as experiências do *bardoa* estão mais relacionadas com a futura existência. Durante este segundo período, ele tem presságios indicando a natureza do seu próximo renascimento, vê certos habitats, é atraído por certo tipo de comidas, etc.

As sete semanas de duração média do bardo da existência são constituídas por sete ciclos de sete dias. No final de cada ciclo o *bardoa* experimenta uma espécie de "pequena morte", ou seja, revive as circunstâncias da sua morte. Pode ser um momento difícil e veremos mais adiante como podemos ajudá-lo.

Além disso, muitas das suas experiências são bastante assustadoras. Ouve sons estranhos e violentos, tem sensações desagradáveis como, por exemplo, a de cair num precipício. Tudo isso corresponde na realidade a movimentos da energia sutil da sua consciência.

Surge por fim a oportunidade de um novo renascimento. Nos tantras, fala-se de quatro tipos de renascimento possível: de uma matriz, por aparição, a partir do calor úmido ou de um ovo. Nos estados infernais, como em alguns mundos divinos, o nascimento é por aparição, o que quer dizer que o ser renasce nesses mundos completamente formado, sem ter de passar por uma gestação. O espírito encarna numa forma plenamente desenvolvida. No reino humano, como no dos espíritos ávidos, o nascimento depende de condições, da união do pai e da mãe. No mundo humano a mãe tem um, dois ou (raramente) três ou mais filhos de cada vez. No mundo dos espíritos ávidos ela pode ter centenas de filhos de uma só vez. No reino animal pode-se nascer da matriz ou de um ovo.

Assim, levado pelo karma, o *bardoa* é atraído por um ou outro renascimento. Pode, por exemplo, sentir frio, refugiar-se junto de uma fogueira e renascer nos infernos. Ou então ver lugares aprazíveis com mansões lindíssimas, entrar numa delas e renascer no mundo divino. Pode ser perseguido por inimigos (como acontece nos sonhos)

e encontrar um buraco ou um abrigo para se esconder e renascer como animal no fundo de uma toca. De todo o modo, a natureza das aparições e aquilo que o vai atrair depende da natureza do seu karma. Aqui não há jogos de bastidores possíveis. Apenas um bom treino espiritual e um karma positivo podem nos ajudar.

No caso de um renascimento humano, o ser que se encontra no estado intermediário vê os seus pais no ato de procriação. Em função do seu karma passado, poderá sentir atração pela mãe e ciúmes do pai e nesse caso renasce com o sexo masculino, ou sentir atração pelo pai e ciúmes da mãe e renascer com o sexo feminino. No momento em que a consciência integra a união do espermatozóide com o óvulo, o ser perde de novo a consciência. Durante os nove meses de gestação, a consciência reestrutura-se de forma progressiva, mas a memória do bardo e da vida anterior estão perdidas. De tudo o que vivemos, restam-nos apenas os medos indefinidos da infância e por vezes certos pesadelos.

Todos estes processos, desde as dissoluções do momento da morte até o renascimento, são idênticos para todos os seres vivos conscientes, quer sejam humanos ou não. Apenas a natureza das suas experiências varia conforme o tipo de vida que levaram e a natureza das tendências habituais acumuladas.

Ao lado dos vivos

Voltemos agora aos vivos, aos que assistiram à partida. Quando a respiração cessa consideramos geralmente que a pessoa morreu. No entanto, como acabamos de ver, o processo de dissolução ainda não terminou. Como estimativas de duração, diz-se que as dissoluções do momento da morte duram o tempo de uma refeição, que o bardo da Vacuidade (que para os seres comuns é um momento de inconsciência) dura cerca de três dias e que o bardo da existência, salvo exceções, dura 49 dias no máximo.

Durante as primeiras horas depois da morte, tente manter uma certa calma em redor do morto. Não mexa bruscamente no seu corpo para lavá-lo e vesti-lo porque, ao fazê-lo, as energias sutis são perturbadas, podendo provocar visões e experiências dolorosas. Idealmente, não se deveria tocar no corpo durante três dias, mas, claro, é preciso respeitar as leis em vigor, os costumes e as crenças sem criar situações conflituosas.

Se o leitor acreditar no poder das orações ou dos *mantras* (fórmulas sonoras que invocam certas qualidades de sabedoria e compaixão), pode recitar os que lhe parecerem mais apropriados, qualquer que seja a tradição a que pertençam. Para os budistas tibetanos, a recitação do *mani*[24] tem um efeito muito positivo e apaziguador. Faça votos para que a pessoa encontre paz e renasça em boas condições, e reze para que os atos negativos cometidos sejam purificados.

Como vimos, após três dias de inconsciência o ser pode voltar aos seus locais habituais e ver o que se passa. Por essa razão é muito importante respeitar as últimas vontades do defunto para ajudá-lo a partir em paz. Temos de compreender que depois da morte há um renascimento e que não há vantagem alguma em retardar o processo. Pode acontecer que, preocupado em saber se as suas vontades são respeitadas, o defunto perca uma oportunidade de um bom renascimento ou então que, ao ver que elas não são respeitadas, se zangue e sinta ressentimento, o que inevitavelmente produz experiências muito dolorosas e condiciona de forma negativa o seu próximo renascimento.

A presença de alguns defuntos é muito forte, como se estivessem fisicamente presentes nos locais onde costumavam viver. Em outros casos, essa presença desvanece-se de imediato. Um grande apego a

---

[24] OM MANI PEME HUNG, no budismo tibetano, é a fórmula que invoca Chenrezi, a personificação da compaixão inerente à nossa natureza profunda.

um familiar ausente pode levar o espírito da pessoa a procurá-lo ou, pelo contrário, a presença de um ente querido pode levá-lo a ficar por perto. Não há regras gerais.

A atmosfera pode ser serena e alegre ou, pelo contrário, angustiada e tensa. Depende do modo como o defunto vive a experiência e da serenidade ou da agitação dos parentes e amigos.

É possível que você não acredite em nada do que acaba de ser dito. Mas como pode o leitor estar certo de que não é verdade? Talvez ache que depois da morte caímos num buraco negro, na inconsciência, no nada. Talvez tenha uma explicação ligada a outra tradição religiosa. Talvez não tenha nenhuma ideia do que acontece. Se voce pertence a esta última categoria e quer fazer o possível para ajudar o seu familiar ou amigo, durante as sete semanas após a sua morte tente respeitar as suas vontades e dispor do corpo e dos bens de acordo com os desejos da pessoa.

Como ajudar

No Tibete era costume esquartejar os cadáveres e dispô-los em lugares elevados, onde eram comidos pelas aves de rapina. Como a madeira era escassa, a cremação estava reservada aos altos dignatários. Mais raramente o cadáver era atirado a um lago ou a um rio. Mas, na verdade, o destino que se dá ao cadáver não tem importância. O mais importante é seguir as indicações do defunto, se ele tiver dado algumas. Há pessoas que ficam aterrorizadas com a ideia de serem enterradas e portanto pode ser angustiante para elas que o seu cadáver seja enterrado.

A cremação é a solução geralmente preconizada pelos Mestres tibetanos. Na tradição tibetana era costume misturar as cinzas dos defuntos com argila e moldar a massa obtida em pequenas figuras religiosas, imagens de divindades, por exemplo. Estas imagens eram então dispostas no alto de uma montanha, postas na água, etc. Era uma maneira de utilizar de forma positiva o que restara do corpo de

alguém, concretizando neste gesto a aspiração de uma vida inteira: elevar-se espiritualmente e tornar-se um ser melhor.

Durante 49 dias após o falecimento os budistas oram, fazem oferendas aos templos, dão esmolas aos pobres, acendem lamparinas, libertam animais que vão ser abatidos, oferecem flores, etc., em nome do defunto. Se conhecem um Mestre, pedem-lhe que proceda à "transferência da consciência". Trata-se de uma técnica que permite "ejetar" a própria consciência ou a de outra pessoa, de forma que ela deixe o corpo pela boa "porta" e se una à na natureza de Buda, a nossa natureza profunda perfeitamente livre. Existem no nosso corpo inúmeras "portas" sutis por onde a consciência pode deixar o corpo. Tal como numa casa uma porta conduz a um quarto, ao porão ou aos andares superiores, as portas sutis do nosso corpo dão acesso aos mundos superiores ou inferiores. Por conseguinte, é importante que a consciência passe pela porta que lhe dá acesso aos renascimentos afortunados: aquela que se encontra no topo da cabeça, no lugar onde ao nascer tínhamos a moleira.

No entanto, se você não puder realizar todas essas coisas, seja por não acreditar nelas ou por não conhecer alguém que possa realizar rituais ou fazer orações, o mais importante é de fato respeitar as vontades do defunto. Tente ter bons pensamentos em relação a ele. Se não deixou indicações sobre a forma de dispor de suas coisas, roupas e pequenos objetos pessoais, ofereça-os aos pobres, aos membros da família ou a quem possam ser úteis. Se tiver a possibilidade, evite que os bens do defunto sejam utilizados com fins negativos, para fazer mal às pessoas ou destruir a sua saúde física e mental. Faça isso pelo morto, oferecendo todo o mérito das boas ações para que ele possa encontrar uma situação favorável.

As pessoas que morreram de morte violenta, que se suicidaram ou que cometeram muitas ações negativas precisam mais de ajuda. O seu estado de espírito foi talvez tão negativo que não pudemos ajudá--las durante a vida, e nesse caso podemos tentar ajudá-las depois de mortas. Se conhecer alguém assim, tente realizar ações que neutralizem

as tendências negativas do defunto. Por exemplo, se o defunto era muito avarento, dê esmolas em seu nome; se era caçador ou vendia armas, liberte animais, etc.

Em muitas religiões, oferecem-se lamparinas. Acender uma vela é um ato que, só por si, não tem nenhum poder. Como todos os atos de nossa existência, ele vale sobretudo pela intenção com que é realizado. Se acendermos velas por alguém com o desejo de que essa luz exterior possa se transformar em claridade interior, em clareza de espírito e discernimento, então o nosso ato pode ajudar bastante a pessoa. Acender velas num lugar específico, um templo ou uma igreja, um lugar de peregrinação ou um local sagrado aumenta o poder da nossa oferenda. Todos esses locais possuem um poder particular que advém de localizações telúricas específicas e também da força do pensamento de todos os que aí oraram. As pedras de uma antiga catedral, por exemplo, estão impregnadas de milhares de orações que lá foram murmuradas e isso cria uma energia que se acrescenta à força da nossa motivação, tornando o ato mais eficaz.

Se tivermos a possibilidade, é bom fazermos oferendas e lembrarmo-nos do defunto semanalmente durante as sete semanas após a morte. Se o defunto morreu numa terça, por exemplo, podemos pensar nele mais particularmente todas as segundas durante sete semanas, de maneira a ajudá-lo a preparar-se para a experiência semanal que ocorrerá no dia seguinte e durante a qual ele vai reviver a morte.

Quando pensarmos nele, sentirmos a sua presença ou sonharmos com ele, enviemos-lhe os nossos melhores pensamentos. Isso pode acontecer devido aos nossos hábitos mentais ou em virtude da sua presença junto de nós. Não devemos necessariamente acreditar no que nos diz em sonhos, sobretudo se já tiver falecido há muito tempo. Em geral são apenas projeções nossas.

Conclusão

Ao contrário da cultura ocidental, a tradição budista tibetana considera a morte uma passagem, uma etapa num processo bem mais vasto que engloba nascimentos e mortes sucessivas, formas de existência distintas, vários registros da consciência. Neste contexto amplo, a morte deixa de ser um acontecimento único e traumático, o limiar do nada ou do mistério. Ela apresenta-se então como a dissolução do suporte físico e das formas menos sutis da consciência que está ligada ao corpo. Constitui uma experiência da qual podemos tirar partido para aumentar e aprofundar o conhecimento de nós mesmos e do mundo. É também a ocasião por excelência para tomarmos contato com a nossa natureza profunda, essa luminosidade natural do nosso espírito que está sempre presente e que nada pode alterar. Para podermos aproveitar esta ocasião, temos de poder vivê-la com serenidade.

Como vimos, as circunstâncias da morte dependem da natureza positiva ou negativa do karma, ou seja, da resultante positiva ou negativa das ações realizadas nesta vida. Isto quer dizer que somos responsáveis por elas, bem como pelo caminho positivo ou negativo que tomamos e pelas escolhas que constantemente tivemos de fazer na vida. Foram elas que progressivamente nos encaminharam para a situação em que nos encontramos agora. Por conseguinte, os budistas desenvolvem uma consciência aguda dos seus atos, uma vez que a morte, o estado intermediário e o próximo renascimento dependem deles.

Mesmo sem conhecer a lei do karma, sem ter religião nem seguir um treino espiritual particular, os seres que não fizeram mal a ninguém, que tiveram o sentido dos valores humanos de solidariedade e de amor, que não tiverem inimizades intensas nem preferências marcadas por uns em detrimento de outros, morrem em paz, têm um bardo calmo e renascem em formas de vida superiores. Portanto, qualquer que seja a nossa abordagem da vida, quer seja inspirada por uma religião ou não, a mensagem final é esta: *viver com bondade e integridade é o melhor investimento possível para esta e para as próximas vidas.*

Questões mais frequentes

Como morre alguém que seguiu um treino espiritual budista?

Depende do nível do praticante. No nível básico, o fato de ter respeitado a lei do karma, de não ter cometido ações negativas, de ter tentado aplicar a não-violência, a compaixão e, de modo geral, a visão budista do mundo, permite morrer em paz consigo mesmo. Uma pessoa dessas terá talvez conhecido Mestres que podem fazer a transferência da consciência por ela e morrerá provavelmente rodeada de amigos de bem que a podem ajudar. Neste nível de prática, o mais importante é ter uma morte suave e poder partir sem remorsos. Conheci várias pessoas que morreram assim.

O praticante que pode permanecer consciente durante todas as fases da dissolução, tendo-se familiarizado com elas durante a vida, conserva na próxima vida a resultante dos conhecimentos adquiridos na anterior. À noite, quando nos deitamos, podemos "programar-nos" para acordar no dia seguinte a uma certa hora e irmos a um dado lugar. Quando acordamos na manhã seguinte, à hora prevista, o pensamento do que temos para fazer surge imediatamente no nosso espírito. Do mesmo modo, se mantivermos o espírito consciente durante as dissoluções, renasceremos com uma certa bagagem que nos vem da vida anterior. Isto não implica necessariamente que tenhamos lembranças concretas, mas uma espécie de resultante da sabedoria e das qualidades já adquiridas e a capacidade de retomarmos o caminho onde o deixamos.

Os seres de grande realização espiritual podem guardar intactas memórias precisas de lugares, acontecimentos, pessoas, etc. Numerosas histórias de grandes Lamas atestam essa capacidade. O atual Dalai Lama, por exemplo, quando era pequeno, lembrava-se perfeitamente do lugar onde o anterior Dalai Lama tinha deixado a dentadura postiça, coisa que sem dúvida o pequeno camponês que ele era nunca tinha visto na vida. Em geral, com o tempo as experiências desta vida sobrepõem-se às memórias da vida passada e as crianças esquecem.

Foi com base nisso que a tradição tibetana instaurou o sistema das "reencarnações", chamadas *tulkus* em tibetano. Trata-se de reconhecer o renascimento de grandes Lamas em crianças muito pequenas, graças a um certo número de sinais e provas. A criança leva então uma educação cuidada e segue, desde a mais tenra idade, um treino que a prepara para assumir as responsabilidades de um guia espiritual. Nestes casos específicos, por existir uma continuidade sem perda de consciência, fala-se de "reencarnações".

Para este tipo de praticantes o período de três dias que segue o aparecimento da luz clara não é um período de inconsciência – como no caso dos seres sem treino espiritual –, mas um período de profunda meditação na qual o nível atingido é muito superior àquele que é possível atingir em vida. Certos Lamas mantêm o corpo em postura de meditação durante mais do que três dias, por vezes uma semana, ou mesmo mais. Embora possa parecer impossível, de acordo com os critérios médicos correntes, o fato é que o corpo não manifesta nenhum sinal de decomposição. A consciência está presente e está absorvida numa profunda meditação. No final desse tempo, a consciência parte e o corpo tomba.

Se o praticante não conseguir reconhecer a clara luz quando ela aparece, pode também, se estiver treinado, reconhecer a natureza das aparições que precedem o bardo da existência. Estas aparições são descritas no *Livro Tibetano dos Mortos*. No entanto, como vimos, estas aparições só são reconhecidas como divindades por quem se tenha familiarizado com elas.

Se houve reconhecimento da natureza profunda de todos os fenômenos, quer seja no momento do aparecimento da clara luz, quer seja mais tarde, quando as divindades se manifestam, o defunto não passa pelo bardo da existência. O praticante entra em meditação até surgir a possibilidade de um renascimento propício à realização das suas aspirações espirituais.

Pode acontecer que seres comuns tenham algumas recordações da vida anterior. Esse fenômeno depende geralmente de alguma

preocupação ou motivação muito particular e intensa. Como no momento da morte os pensamentos têm um grande poder, pode acontecer que alguém, muito preocupado com os filhos ou com o marido, renasça com a preocupação de voltar a encontrá-los. Conforme o exemplo dado, é como acordar de manhã com a ideia de que não podemos esquecer de telefonar a alguém. Mas estes casos são excepcionais. A maioria das pessoas não tem nenhuma lembrança precisa da vida anterior.

Há algum interesse em lembrar das vidas anteriores?

Se acontecer de maneira natural, pode ser muito útil para alargar a nossa visão da vida e da morte. Pode permitir-nos compreender melhor certas tendências ou certos acontecimentos da nossa vida presente e dar menos importância aos pequenos problemas do cotidiano.

Mas há uma abordagem menos interessante. Em estado de hipnose, certas pessoas fazem regressões e lembram-se de acontecimentos cada vez mais antigos, chegando por vezes a recordar vidas anteriores. Nesses casos existe o perigo de se dar demasiada importância a isso. Trata-se, em suma, de um processo perfeitamente natural, e o fato de termos sido apache, aborígene da Austrália ou operário de uma fábrica de automóveis não tem nada de transcendente, não nos eleva acima da condição humana geral. Além do mais, existe muita fraude neste campo, e pode ser perigoso entregar-se às mãos de pessoas pouco escrupulosas que exploram a credulidade e a vaidade alheias.

Como é que o Budismo interpreta as experiências de quase-morte?

Existem inúmeros testemunhos de experiências vividas por pessoas que estiveram clinicamente mortas durante um tempo mais ou menos longo. De alguns anos para cá, têm-se escrito livros sobre o assunto e há grandes debates. A maior parte desses testemunhos é bastante positiva: a experiência é muito agradável, a palavra "inefável" é utilizada por um grande número de pessoas. Mas tudo isso parece estar de certa forma

em contradição com as descrições dos textos budistas em que a morte é tida como uma sucessão de experiências nem sempre tão agradáveis.

Interrogados sobre o assunto, tanto Sua Santidade o Dalai Lama como Dilgo Khyentse Rinpoche afirmam que estas experiências não pertencem ao bardo do momento da morte mas ainda ao bardo da vida. A consciência deixaria momentaneamente o corpo – como quando adormecemos – e teria experiências "fora do corpo", podendo viajar por outros planos de consciência ou outros planos de existência.

No decurso deste tipo de experiências, certas pessoas afirmam terem encontrado os seus antepassados ou parentes falecidos e terem falado com eles. Sua Santidade o Dalai Lama diz o seguinte: "É muito raro que as pessoas falecidas ainda estejam nessa forma de existência, normalmente já deviam ter renascido noutra forma. Há uma hipótese remota de que se encontrem ainda nessa forma de existência e tomem contato com a pessoa que está vivendo uma experiência fora do corpo, mas é quase impossível. Penso que é mais provavelmente em virtude das impregnações ou dos hábitos mentais da própria pessoa que ela tem a impressão de receber conselhos e apoio dos parentes falecidos"[25].

Na tradição popular tibetana existem também testemunhos de seres que voltaram à vida, *delok* em tibetano, e que contam viagens a outras formas de existência. Segundo o sistema tântrico tibetano, a morte só é irreversível a partir do momento em que as essências branca e vermelha se dissolvem no coração. Até lá, embora a pessoa pareça morta, a consciência ainda não está definitivamente separada do corpo e a pessoa pode voltar à vida. Estes processos de dissolução não existem apenas no momento da morte. Quando adormecemos, passamos por alguns deles também. Embora não se conheça a natureza exata desse tipo de experiências, é certo que não pertencem à morte propriamente dita, o que não nega o valor dos testemunhos.

---

[25] *Sleeping, Dreaming and Dying,* Dalai Lama, p.187.

O Budismo admite a possibilidade de contacto com o espírito dos defuntos?

Como já foi dito, de um modo geral a consciência do defunto fica no bardo da existência durante 49 dias antes de renascer numa ou noutra forma de existência. Porém os textos mencionam a possibilidade de bardos mais compridos. O contato com esses seres seria portanto possível durante esse período. No entanto, o fato de sonharmos ou mesmo de termos visões de parentes defuntos pode ser a projeção dos nossos desejos, dos nossos medos ou dos nossos hábitos.

No que concerne a tudo isso, devemos questionar a utilidade desse tipo de contato. A partir do momento em que um parente faleceu, ele partiu para uma nova existência. Não podemos retê-lo, por muito que queiramos, e mesmo que pudéssemos fazê-lo, seria uma grande crueldade. Esse ser tem de dirigir-se para uma nova forma de existência, não pode ficar conosco, e a separação é inevitável. Assim sendo, qual é a utilidade de manter um contato que o torna prisioneiro de uma existência profundamente frustrante?

Ademais, existem muitos tipos de mundos, muitos tipos de seres. Aquilo a que chamamos os "espíritos" são seres que possuem corpos diferentes dos nossos, visões e capacidades diferentes. Como não são necessariamente mais desenvolvidos que nós – ou teriam nascido homens ou deuses –, não têm nem compaixão nem motivações puras e altruístas, e há entre eles, como entre os homens, uns melhores, outros piores.

O fato de esses seres serem capazes de fazer referência a acontecimentos da nossa vida íntima, partilhados apenas com uma pessoa defunta, não implica necessariamente que se trate do espírito dessa pessoa. Capacidades inerentes à especificidade da sua condição kármica lhes permitem, por exemplo, ler os nossos pensamentos e compor-tarem-se tal como esperamos que o façam.

Além disso, partilhamos o ambiente em que vivemos com toda uma série de outros seres a que as tradições pagãs mais antigas chamavam gnomos, sílfides, gênios, tágides, duendes, etc. Muitas crianças pressentem a existência desses seres graças a uma sensibilidade maior e sobretudo

a menos preconceitos. Com a idade e a educação este contato se perde. Que relação devemos ter com esses seres? A visão budista do mundo é de não-violência, de abertura e de compaixão. Nela, todos os seres, quer sejam humanos ou não, têm direito à felicidade e são objeto de compaixão e de bondade. Por outro lado, pela via do renascimento, não podemos saber onde nasceram aqueles que nos ajudaram, nossos parentes e amigos desta vida ou das vidas anteriores. Portanto, a atitude budista não faz distinção na compaixão para com seres humanos, animais ou "espíritos". Se a nossa atitude for harmoniosa e positiva, não atrairemos "espíritos" maus como também não atrairemos ladrões, assassinos ou malfeitores. Se respeitarmos a floresta, os rios, as árvores, as pedras e não agimos com arrogância, achando que tudo nos pertence, que tudo nos é permitido, pilhando, poluindo, esmagando sem discriminação, não há razão para pensar que provocamos a ira dessas energias. E mesmo que se trave algum contato, a compaixão é de longe a arma mais poderosa para dissipar os receios e nos proteger de toda e qualquer influência negativa.

O que diz o Budismo de práticas de magia em que são sacrificados animais?

Antes do Budismo existia uma religião no Tibete chamada de *Bön,* na qual se sacrificavam animais às divindades para que tudo fosse auspicioso. Depois que os primeiros mestres budistas chegaram ao Tibete, o Budismo conviveu com o *Bön* durante algum tempo. Mas logo os mestres budistas viram que era impossível a coexistência, no mesmo país, do Budismo e dos sacrifícios animais.

O Budismo tem um enorme respeito pela vida, por isso não vê grande diferença entre a morte de um animal ou a de uma pessoa. Em termos kármicos, os resultados só podem ser negativos. Sacrificar um animal aos deuses ou aos espíritos para que destruam os nossos inimigos, nos protejam do mal ou nos ajudem a ficar ricos não é diferente, na sua essência, de matar uma pessoa por vingança, por medo ou para roubá-la.

Em todas as partes do mundo houve, e em alguns lugares ainda existem, religiões sangrentas em que os sacrifícios animais fazem parte dos rituais. Essas práticas destinam-se a apaziguar ou a pôr do nosso lado certas "energias" de mundos intermediários que gostam do sangue e da carne. Mas tais energias não têm nenhuma espécie de compaixão ou "fidelidade", nunca se tornam nossas "amigas". Enquanto lhes fazemos oferendas, agem como queremos; quando deixamos de fazê-lo, ou quando as nossas oferendas deixam de satisfazê-las, atacam-nos.

Ligar-se com este tipo de energias é pior do que ligar-se com a Máfia. Se pensamos que algum bem pode resultar de relações próximas com malfeitores e assassinos, estamos muito enganados, pois o fato de nos ligarmos a esse tipo de gente expõe-nos aos seus ataques, e o nosso fim é quase sempre violento. O mesmo acontece a quem procura religiões que praticam o sacrifício animal, seja para fazer mal, seja supostamente para fazer bem. O resultado kármico de tais laços pode ser de renascer no mundo dos espíritos ávidos e padecer, durante muito tempo, da frustração e da malevolência.

No Budismo existem rituais de oferenda para apaziguar os sofrimentos dos seres do bardo e dos espíritos ávidos. Motivados pela compaixão, os praticantes budistas queimam uma mistura à base de cereais e ervas medicinais para que esses seres se possam alimentar do cheiro. Porém, na perspectiva budista, isso não é feito para obter favores desses seres nem para lhes pedir proteção, mas sim para que possam ser aliviados dos seus sofrimentos e deixar de sentir a frustração e o ódio que os torturam.

O que pensa o Budismo da doação de órgãos?

Se alguém desejar oferecer os seus órgãos, tal gesto pode ser muito positivo. No entanto, não se deve extrair um órgão de um cadáver sem que a pessoa tenha dado o seu consentimento em vida, pois isso pode perturbar a sua consciência no estado intermediário.

O que acontece a alguém que se suicida?

Do ponto de vista budista suicidar-se não tem sentido. O suicídio é um ato desesperado que tem por objetivo a cessação do sofrimento. Para um budista a morte não é o fim. Suicidar-se, por conseguinte, não só não resolve nada como piora a nossa situação. Por quê?

A pessoa que se suicida não está serena nem tem uma atitude positiva. Pelo contrário, o ser que põe termo à vida está desesperado, depressivo, agitado e revoltado. Se ingeriu medicamentos, cai no torpor e na inconsciência. As condições exteriores não são de todo favoráveis para permanecer consciente durante as dissoluções, reconhecer a luz clara ou, pelo menos, ter um bardo da existência calmo e um renasci-mento favorável.

Quanto ao processo da morte, ele é idêntico. É também o mesmo no caso de um acidente de automóvel, sendo que as dissoluções se processam muito mais rapidamente. Portanto, é muito mais difícil manter-se consciente durante o processo. Quando há interrupção voluntária de gravidez é igual: a consciência do embrião atravessa todas as fases da morte, entra no bardo da existência e tem de encontrar um novo renascimento.

Graças aos progressos da medicina, existem meios cada vez mais desenvolvidos para prolongar a vida artificialmente. Haverá algum interesse nisso?

Pode ser benéfico se a pessoa está consciente ou se subsiste a esperança de ela poder voltar à vida. Por outro lado, quando todas as esperanças são vãs, o benefício dessa opção é questionável, sobretudo na medida em que isso pode provocar grandes sofrimentos ao doente. O fato de ele estar em coma não nos garante que não esteja sofrendo.

Que pensa o Budismo da eutanásia?

Existe uma grande diferença entre desligar uma pessoa das máquinas que a mantêm artificialmente com vida e provocar a morte de alguém para abreviar o sofrimento. No primeiro caso a pessoa morre

de forma natural, no segundo somos nós que a matamos. Claro que, mais uma vez, é preciso adaptar a nossa atitude em função das circuns-tâncias mas aqui, como no caso do aborto, requer-se a maior ponderação. Os abusos são demasiado evidentes e fazer leis que permitam esta prática é abrir a porta ao crime. Este assunto requer a maior prudência.

Recomenda-se que se respeitem as últimas vontades de um moribundo e ao mesmo tempo que se tente dispor dos seus bens de forma positiva. Pode acontecer que as últimas vontades de alguém com um espírito tortuoso impliquem a realização de ações negativas. Que fazer nesse caso?

Eis uma situação complexa! Se formos executores de ações que estão em contradição com a nossa ética pessoal em cumprimento das últimas vontades de alguém, devemos tentar escapar a essa obrigação dentro do que a lei permite. Tentemos manter uma atitude positiva sem nos zangarmos com o defunto por nos ter posto numa situação tão desagradável e lembremo-nos de como ele deve ter sofrido para ter tido uma atitude tão tortuosa.

Se pudermos, utilizemos o seu dinheiro para realizar ações positivas, fazer oferendas de luz, libertar animais, etc., desejando que seja ele a colher os frutos positivos dessas ações.

5
A Dignidade da Condição Humana

Quando nos interrogamos sobre o sentido da existência, temos a impressão de que se trata de uma questão metafísica que pede uma resposta filosófica profunda. Pensamos talvez que o sentido da vida se encontre fora dela, como um objetivo abstrato e superior, e acabamos por encontrar respostas artificiais, totalmente alheias à própria vida.

Pode ser que a resposta seja muito simples. Talvez ela se encontre nos nossos gestos cotidianos. Já nos interrogamos sobre o que esperamos da vida?

> **Se viéssemos a perder o sentido dos valores humanos seria um verdadeiro desastre. Não há dinheiro que possa equiparar-se a um ser humano. O dinheiro foi feito para o servir e não o contrário. Se aspiramos apenas ao conhecimento do mundo material sem ter em conta os valores e a dignidade humana, apenas obtemos mal-estar, estresse, problemas e depressões.**
>
> *Tenzin Gyatso, Décimo Quarto Dalai Lama*

O sentido da vida

Qual é a força motriz da nossa existência? Qual é o objetivo de todos os nossos atos? Para onde convergem todos os esforços desde sempre, quer tenhamos encontrado ou não resposta para essa pergunta metafísica?

Olhando em retrospectiva a nossa própria história bem como

a história da humanidade, vemos que todos os esforços, todas as ambições, todas as esperanças e todos os receios, todos os atos, mesmo os mais paliativos, têm por objetivos a obtenção da felicidade e a eliminação do sofrimento. Isto é válido quer sejamos homens ou mulheres, brancos, negros, vermelhos ou amarelos, qualquer que seja a nossa inteligência, a nossa filosofia ou o nosso sistema ideológico.

Porém, a busca de felicidade não é apanágio do ser humano. Em nível social ou individual, todos os seres vivos dotados de consciência aspiram ao bem estar. No entanto, por ser dotado de uma inteligência mais sofisticada, o ser humano tem objetivos mais complexos e menos imediatos. Não deseja apenas uma felicidade a curto prazo. Procura encontrar métodos para alcançar a felicidade estável e proteger-se do sofrimento de forma definitiva. Independentemente das suas capacidades respectivas, todos os seres vivos têm a mesma aspiração básica ao bem estar e ao conforto.

Quando nos questionamos sobre o sentido da vida estamos geralmente considerando a vida humana. Talvez por o ser humano pensar que é o único a ter a capacidade de se propor uma tal questão, parece-lhe natural que a resposta só lhe diga respeito e que seja forçosamente de ordem metafísica. Mas abordemos a questão de um outro ângulo.

Na visão budista do mundo, não somos sempre homens, animais ou espíritos. No decurso de um número incalculável de existências, já passamos por todas as formas de vida e portanto não faz sentido que a resposta a essa questão diga respeito apenas aos seres humanos. Olhemos para a força motriz dessas vidas sucessivas. Qual foi o seu objetivo concreto, real e efetivo? Não terá sido a busca da felicidade?

Uma vez que esta aspiração é comum a todos os seres, podemos dizer que, segundo esta perspectiva, o sentido da vida é a obtenção da felicidade circunstancial e definitiva para todas as formas de vida.

A condição humana

Mas então, diremos nós, haverá alguma especificidade na existência humana? Como já foi dito, o ser humano possui certas qualidades particulares. Tem, como é óbvio, uma inteligência e uma criatividade que lhe permitem inventar e aperfeiçoar soluções originais e eficazes para assegurar o bem estar e para se proteger do sofrimento. Indiscutivelmente, o potencial humano é superior ao das outras espécies animais – para falarmos apenas das formas de vida que conhecemos. Esta superioridade, só por si, não é nem positiva nem negativa, limita-se a torná-lo um poderoso agente, uma máquina eficiente. Porém essas não são as suas únicas particularidades, nem talvez mesmo as mais essenciais.

O homem que se queimou sabe que a queimadura é dolorosa. Sabe que se um outro ser humano como ele se queimar, ou mesmo qualquer outro ser consciente, sentirá a mesma dor. Pode projetar-se numa situação vivida por outro e sentir mal-estar: esse é o embrião da compaixão. Antes de ferir um outro ser, o homem pode pôr-se no seu lugar, compreender a dor que vai infligir e renunciar ao seu ato. Eis uma capacidade que é raro encontrar nos animais. Ou você já viu algum gato que no momento de apanhar um rato se compadeça e o deixe fugir?

Portanto talvez não tenhamos razão em limitar a superioridade humana à inteligência, pois para poder fazer dela uma ferramenta construtiva o ser humano tem de cultivar o embrião da compaixão que tem dentro de si. Quando estes dois aspectos da natureza humana se encontram reunidos numa relação harmoniosa entre si, estamos em presença de um ser verdadeiramente humano que possui ao mesmo tempo as qualidades cognitivas e de coração próprias da sua condição. É esta a razão pela qual é importante refletirmos sobre o verdadeiro sentido e a dignidade da condição humana, que se revela uma condição particularmente privilegiada no seio do *samsara* em geral.

É importante fazer notar que, quando falo de superioridade, refiro-me à oportunidade extraordinária que este nosso nascimento atual representa e não de uma qualidade intrínseca. Todos os seres possuem o mesmo potencial. Não há seres superiores nem inferiores.

Mas, embora possam renascer em qualquer mundo, encontram-se atualmente em situações perfeitamente desiguais. *O nascimento humano é uma situação extremamente favorável, mas rara.* Para um budista, que se sente prisioneiro do círculo vicioso dos renascimentos, nascer homem ou mulher equivale a encontrar-se perto da porta quando ocorre um incêndio num centro comercial: temos quase a certeza de nos podermos salvar, se fizermos o necessário. É uma condição extremamente privilegiada. Por conseguinte, essa reflexão devia inspirar-nos um sentimento de urgência e de responsabilidade quanto à maneira como vamos usar o corpo humano. Uma vez que o karma é essencialmente determinado pela motivação que antecede a realização de um ato e que no mundo humano encontramos uma variedade e uma intensidade únicas, bem como uma espantosa complexidade de motivações, podemos concluir que o mundo humano é aquele em que mais karma se acumula. Temos não só a capacidade de avaliar a situação mas também a liberdade de escolher a nossa ação.

Além disso, enquanto um animal só age sobre um número reduzido de indivíduos e de um modo bastante limitado, um ser humano pode agir profundamente sobre um número infinito de seres e de espécies, e o impacto dos seus atos pode prolongar-se por muito tempo depois de sua morte. Tudo isso mostra que a nossa responsabilidade é enorme.

Por outro lado, nesta época em que a maior parte dos países luta contra o crescimento demográfico, talvez não seja óbvio o quanto é difícil obter um corpo humano. Os textos tradicionais descrevem essa dificuldade numericamente, por comparação com os outros tipos de existência. Se para nós os seis mundos ainda são hipotéticos, limitemo-nos a considerar o número dos nascimentos animais com os humanos. Uma única espécie de insetos tem muito mais indivíduos que o número de seres humanos que existiram sobre o planeta desde sempre! No conjunto das possibilidades de nascimento samsárico os nascimentos humanos são tão raros, dizem os textos tradicionais, como as estrelas que brilham em pleno dia.

Há portanto três aspectos a evidenciar: o potencial, a raridade e

a responsabilidade do nascimento humano. Quando refletimos sobre esses três aspectos, sentimos uma grande dignidade: neste momento possuímos algo muito precioso, como uma herança fabulosa que alguém nos deixou. Temos a liberdade de a utilizar como queremos ou mesmo de a esbanjar na totalidade. Mas quando milhares de seres morrem de fome e de desespero, será que temos o direito de jogar dinheiro pelas janelas? Nada nos pertence pessoalmente, os recursos deste planeta, em qualquer nível, pertencem a todos os seres que o povoam. É apenas por hábito que consideramos este terreno, esta árvore, esta casa, esta pedra, como nossos. Se o fossem, de maneira intrínseca, seriam sempre e não teríamos de deixá-los no momento de morrer. Mas como não é assim, temos de concordar que se trata de um mero empréstimo. Temos de prestar contas de tudo o que usamos e da maneira como o fizemos. O próprio corpo não passa de uma casa alugada. Em virtude de que teremos nós o direito de esbanjar esta oportunidade, estes recursos dos quais somos apenas gestores provisórios?

Como seres humanos, podemos tornar a nossa vida significativa e tocar milhares de outros seres, não só humanos. Podemos ajudar a salvar o planeta ou contribuir ativamente para a sua destruição. Temos a escolha e o poder aterrador para concretizar as coisas mais positivas como as mais destrutivas. Como vamos utilizar esta vida humana?

A natureza humana

Será o homem egoísta ou altruísta por natureza? Será ele fundamentalmente mau ou bom? Devemos desconfiar ou confiar nos outros?

Segundo o Budismo, todos os seres possuem a Natureza de Buda, cuja qualidade essencial é um estado de bondade. Assim, a natureza profunda do homem – e de todos os seres, aliás – é fundamentalmente positiva e luminosa.

Mas a observação do mundo parece desmentir esta afirmação:

a violência, a vileza, a crueldade e a perversão invadem a nossa vida e as telas de televisão. Mesmo que queiramos ver o mundo povoado de seres bondosos, a realidade apresenta-se muito diferente. Somos forçados a admitir que uma boa parte da humanidade só pensa em enganar, roubar, matar e fazer mal. Isso quer dizer que a visão budista do mundo é irrealista e utópica?

Os primeiros ensinamentos dados por Buda falam de sofrimento. Os textos que falam dos seis mundos descrevem os infernos como locais de tortura e de violência, os antideuses como guerreiros e o sofrimento como onipresente. O fato de possuirmos a Natureza de Buda não quer dizer que estejamos todos animados de boas intenções e que a mentira, a malevolência e a agressividade não existam. Na realidade condicionada pelo karma existem tendências construtivas e tendências destrutivas, e numa época como a nossa, chamada "época sombria" nos textos tradicionais, as tendências destrutivas são muito fortes.

No entanto, em um nível mais profundo, nada nem nenhuma circunstância exterior pode abalar a pureza da nossa natureza fundamental. Podemos ser assassinos, ladrões, monstros perversos, mas tudo isso é passageiro, não tem base real ou permanente e acabará por passar, derretendo como neve ao sol. *Tudo isso não é senão o resultado de hábitos e pode ser esgotado, purificado e alterado.*

Mesmo nos seres malfazejos, nos monstros de que fala a História, desequilibrados mentais e perversos, existe sempre algo de positivo, uma fibra que ainda se comove, uma centelha que se arrepia com o sofrimento alheio. Talvez este estremecimento esteja reservado aos seres próximos, a um amigo ou a um animal de companhia, mas está presente como testemunho da nossa natureza fundamental.

Uma das provas de que esta bondade é o nosso verdadeiro estado natural é o fato de que provocar sofrimento aos outros nos causa mal-estar. As pessoas que espalham o mal à sua volta, que torturam, matam, mentem e cometem toda a espécie de atrocidades nunca se sentem bem. São pessoas profundamente angustiadas que vivem no terror de serem traídas, desobedecidas, apanhadas e torturadas pelos

inimigos. Nunca se viu ninguém com esse tipo de vida que tenha tido serenidade e paz de espírito, que tenha afirmado sentir-se feliz. Pelo contrário, todas vivem e morrem torturadas, infelizes, desprezadas. Mesmo séculos mais tarde, o seu nome inspira apenas terror. Se a violência e a crueldade fossem naturais, como explicaríamos o horror natural que sentimos perante tais atos? Como explicaríamos que as pessoas que presenciaram atos de violência durante a guerra, por exemplo, fiquem traumatizadas pela vida inteira e tenham pesadelos constantes? Tudo isto prova, por um lado, que a violência e a crueldade são comportamentos contrários à nossa natureza e, por outro, que a humanidade inteira o reconhece implicitamente.

Na prática, que atitude devemos ter? Não se trata de acreditar em todos e deixar a porta de casa escancarada, nem de desconfiar a ponto de nos tornarmos amargos. Temos de observar os seres, aprender a conhecê-los e a evitar o mal que nos podem fazer sem nos tornarmos desconfiados. Temos de lembrar que as atitudes negativas são o resultado e a causa do sofrimento mas que, embora afastem os seres da felicidade a que aspiram, não maculam a sua natureza profunda. E sobretudo temos de ter plena confiança no infinito potencial de transformação que todos os seres possuem. No Budismo não existe pecado original, não há nada para redimir. A nossa natureza profunda é perfeita desde sempre, inalterada e pura, mas temos andado esquecidos, perdidos e desvairados. Quaisquer que sejam os atos que cometemos e que nos causarão muito sofrimento, no dia em que despertarmos desse pesadelo, reconheceremos quem somos verdadeiramente.

Se mantivermos esta perspectiva do mundo, poderemos olhar para os seres mais perturbados sem perder a confiança na natureza profunda do homem. A inumanidade, a violência e a crueldade tornam-se aos nossos olhos doenças de que sofrem alguns seres particularmente desnorteados, seres que de todo o modo pagam bem caro o sofrimento infligido aos outros.

Permito-me acrescentar que esta perspectiva fundamentalmente

otimista tem ainda outra enorme vantagem. Quando olhamos para alguém pensando que se trata de um ser abjeto, compelimos a pessoa a comportar-se como tal. O mesmo acontece se pensarmos que se trata de uma pessoa nobre. Por conseguinte, se acharmos que a humanidade é composta por seres maléficos cujos instintos são essencialmente negativos, não estaremos de forma nenhuma contribuindo para criar um mundo melhor. Mas se pensarmos que a natureza fundamental de todos os seres é bondade e compaixão e que, embora alguns andem extraviados, todos eles mais tarde ou mais cedo hão de reconhecê-la, estamos criando condições positivas para que isso aconteça. De certa forma estamos construindo as fundações de um mundo mais humano e melhor.

Criar família

Quem nunca teve vontade de mudar o mundo, de acabar com as guerras e de gerar harmonia à sua volta? Pensamos com frequência que é preciso criar uma sociedade nova, fazer revoluções e aplicar ideologias utópicas. Esquecemos que a sociedade é constituída por indivíduos e que não há conflito familiar, étnico, social, cultural, religioso... humano, em suma, que não seja originado por conflitos individuais. São os nossos conflitos internos que se comunicam inevitavelmente ao ambiente familiar, à vida comunitária e profissional e se alastram depois à sociedade.

Na vida dos seres humanos, a relação privilegiada que se estabelece entre um casal é o primeiro nível de integração logo após o universo individual. Existe alguém, um outro ser humano, com quem partilhamos muitos momentos da nossa existência. A maneira como ele interage conosco dá-nos uma imagem tridimensional de nós mesmos, uma imagem que nunca poderíamos ter se o nosso universo pessoal fosse fechado. As expectativas desse ser, o desejo e o direito que ele tem à felicidade e ao bem estar impõem limites ao nosso egoísmo. Por isso

mesmo a sua presença pode ser-nos preciosa.

Justamente um dos fenômenos a que se assiste na sociedade moderna é o desentendimento quase sistemático dos casais, uma onda irremediável de separações e divórcios. Chegamos a perguntar-nos se o que mantinha as pessoas unidas em outros tempos não terá deixado de existir, se essas uniões não dependiam mais de fatores econômicos, religiosos ou sociais que mudaram ou deixaram de existir do que de um verdadeiro entendimento e de uma real afeição. Sem dúvida que esses fatores tinham um certo peso. Mas, se muitos casais se mantiveram juntos a vida inteira por razões econômicas e sociais, outros, extremamente unidos, viveram em grande harmonia. Na realidade atual, os casais que vivem juntos uma vida inteira são cada vez mais raros. Em virtude disso as crianças são partilhadas, quase como objetos pessoais, entre pais que não se entendem e se envolvem constantemente em novas relações. A instabilidade emocional imposta às crianças não as predispõe de forma alguma a serem capazes de fundar, por sua vez, um relacionamento estável. Entramos num círculo vicioso. Todos lamentamos este estado de coisas. Não é porque os divórcios e as separações se tornaram mais frequentes, ou mais bem aceitos socialmente, que deixaram de provocar depressões, ciúmes, litígios e muito sofrimento para pais e filhos. É evidente que as circunstâncias e os fatores sociais, culturais e econômicos que contribuem para este estado de coisas são inúmeros e dificilmente se poderia apontar apenas uma causa ou duas. Mas, em última análise, somos sempre responsáveis pela harmonia ou pelo desentendimento que criamos e não podemos acusar o fenômeno social de ser o único fator em jogo. Nessa ótica, talvez seja útil refletirmos sobre o que podemos esperar de uma relação sentimental e qual o seu papel na nossa existência, tentando avaliá-la à luz da perspectiva do mundo que o Budismo nos dá.

A nossa sociedade ensina-nos a esperar que o outro nos traga a felicidade, a segurança e o bem estar, como que por milagre. Os filmes e as séries televisivas mostram-nos pessoas tristes cuja vida é vazia de sentido até o momento em que encontram "a pessoa" certa. Aí, de

repente, tudo muda, a vida enche-se de sentido, torna-se uma coisa maravilhosa e atinge-se a felicidade total. Os contos de fadas que líamos quando crianças acabavam com a frase mágica: "casaram e foram felizes para sempre". Esta perspectiva é totalmente irrealista: ninguém pode transformar a nossa vida com uma varinha mágica e não podemos esperar pelo príncipe encantado que vai dar sentido à nossa existência. A felicidade depende de nós mesmos. Se não soubermos ser felizes sozinhos, também não saberemos sê-lo acompanhados.

Escolher um companheiro

Quando queremos começar uma relação, encontrar alguém com quem partilhar a nossa vida é importante assegurarmo-nos de que esta busca se apóia em bases sãs. Procurar aquele ser perfeito, belo, inteligente, rico e dotado de todas as qualidades que vai dar sentido à nossa existência e trazer-nos a felicidade numa bandeja – juntamente com o café-da-manhã – talvez não seja um bom ponto de partida. A maior parte das relações mais parecem um acordo comercial que uma relação de coração entre dois seres humanos: dou-lhe segurança material, você me dá o prestígio de ter uma mulher bonita; dou-lhe o *status* de "mulher de médico", dou-lhe a impressão de seres o Tarzan... Por vezes o negócio é rentável, outras vezes um logro.

Tudo isso é muito limitado e superficial. As pessoas encontram-se, casam, vivem juntas, têm filhos, separam-se e pouco ou nada se passou entre elas, no âmbito de uma verdadeira relação humana. Chegam a dar-se conta de que viveram dezenas de anos com um desconhecido de quem pouco ou nada sabiam. Quantas vezes o casamento não se resume a uma questão de conveniências sociais e o "amor" não passa da necessidade de ser reconhecido e de se sentir vivo, do medo da solidão e da angústia de ser marginalizado? Toda a afeição que dizemos sentir pelos outros depende do que eles têm para nos dar

e desaparece misteriosamente quando isso deixa de nos satisfazer.

Certas relações baseiam-se em chantagens mais ou menos sujas: quando compreendemos os receios e as esperanças do outro, tiramos partido delas para garantir a nossa estabilidade e segurança. Outras baseiam-se em jogos de poder e de domínio, em relações doentias, complicadas e extenuantes. A variedade dos jogos emocionais de que os seres humanos são capazes é infinita.

Para complicar ainda mais as coisas, a cultura ocidental criou expectativas insustentáveis. Antes as mulheres tinham muitos momentos para se encontrarem entre amigas e falarem dos seus interesses comuns, e o mesmo acontecia com os homens. Hoje em dia, espera-se que o marido vá às compras com a mulher e que ela vá ao futebol com ele. Mas os homens e as mulheres têm interesses diferentes – ainda bem! Assim, essa "obrigatoriedade" e expectativa desmesurada criam uma tensão permanente que rapidamente esgota a relação. É bom que tanto o marido como a mulher tenham momentos para estar sós, momentos para estar com outras pessoas e momentos para partilhar um com o outro. Numa relação, sempre uma das pessoas tem mais expectativas que a outra, quer seja por dar mais importância à relação, por ser mais insegura, por estar menos ocupada ou por qualquer outra razão. Essa pessoa vive então num tormento permanente, o seu espírito raramente se descontrai. Quando isso acontece, é importante que essa pessoa se ocupe mais, de forma a ter momentos em que não depende do outro, em que não está à espera de nada dele. Se não o fizer, a sua ânsia acaba por criar uma tal tensão em si e no outro que a relação se torna insustentável para ambos.

Claro que a fonte de todos estes problemas é muito profunda e encontra-se na insegurança que a falsa visão do mundo nos inspira. Para resolvermos isso definitivamente, é preciso remontar isso à fonte, reconhecer a verdadeira natureza dos fenômenos e do mundo e perder todos os receios. Mas não são coisas que se façam de um dia para o outro e, se estivermos à espera disso para começarmos uma relação com alguém, é bem possível que morramos solteiros!

Sem ter de esperar por isso, sendo como somos, talvez possamos

rever as bases em que nos apoiamos. Por exemplo, podemos interrogar-nos: "Será que me sinto capaz de dedicar tempo, energia e afeição a um ser, sem esperanças excessivas de que ele corresponda a todas as minhas expectativas? Estarei pronto a amá-lo pelo que é e não em função do que eu quero que ele seja, daquilo em que o quero transformar? Será que o vejo como ele é ou estou projetando sobre ele a imagem que sonhei?"

Para todos os efeitos, pode ser útil refletir também sobre o fato de que, para sermos homens e mulheres completos, não é indispensável termos uma relação sentimental. Existem muitas relações que podem inspirar-nos sentimentos humanos profundos sem que tenhamos de cair obrigatoriamente nos clichês do amor romântico.

Saber para onde vamos

Quando convidamos alguém a fazer uma viagem conosco, temos de saber primeiro para onde vamos. Só depois podemos perguntar se a pessoa deseja ir para o mesmo lugar e se deseja viajar na nossa companhia. A vida é uma viagem e eis um bom ponto de partida para escolhermos um companheiro: decidir qual é o sentido da nossa vida, para onde queremos ir. Quando esta base está definida é bem mais fácil escolher um companheiro – alguém que quer ir para o mesmo lugar que nós e cujo estilo de vida está de acordo com os nossos objetivos.

Pode acontecer que nos sintamos atraídos por seres que não partilham a nossa maneira de ver ou que têm hábitos contrários à nossa visão do mundo. Mesmo se de início, sob o poder da paixão, sentimos uma forte atração, com a vida em comum todas as divergências acabam por se manifestar e criar um fosso cada vez mais difícil de transpor. Não esqueçamos que a paixão é um fogo que se consome depressa e tentemos basear a nossa escolha em critérios que resistam melhor ao tempo. Quando estamos sob a influência da

paixão, mesmo vendo os elementos suscetíveis de criar problemas mais tarde, pensamos que em virtude do grande e único amor que nos une conseguiremos vencer todos os obstáculos – mesmo que centenas de outros casais, em circunstâncias idênticas, não tenham conseguido. Por muito que tentem nos avisar, ninguém nos convence do contrário.

Não digo que a paixão é "má", mas apenas que não é boa conselheira e que não podemos confiar nela quando se trata de fazer opções que implicam anos da nossa vida e envolvem também outras pessoas. Se nos apaixonarmos loucamente por alguém que partilha a nossa visão do mundo e cujos objetivos estão em harmonia com os nossos, tanto melhor! Mas, se não tivermos certeza, deixemos passar algum tempo até a paixão se acalmar. Esperemos até conhecer melhor a pessoa antes de ligarmos a nossa existência à sua de maneira formal e *sobretudo antes de ter filhos.*

Encontramo-nos por vezes em situações que parecem não ter um desfecho positivo possível e para as quais as melhores soluções não passam de males menores. Trata-se geralmente de situações que nasceram mal e cuja única verdadeira solução seria nunca terem começado. O Budismo dá muita importância à atitude com que começamos tudo que fazemos. É ela em grande parte que determina o sucesso ou o insucesso da nossa iniciativa. Se a relação se assentar sobre bases sãs e duradouras, mesmo que venha a acabar, nunca nos encontraremos num beco sem saída. É possível que estes conselhos pareçam antiquados, porém a experiência prova que as relações com bases mais sólidas, estáveis e harmoniosas resistem melhor à passagem do tempo e proporcionam mais felicidade. Comprometermo-nos seriamente numa relação a partir de um impulso súbito pode dar bons resultados, mas também pode acabar mal, criar inúmeros problemas e muito sofrimento. Portanto, ignoremos as comédias românticas americanas e deixemos agir o tempo. Aprendamos a conhecer o outro antes de tomarmos decisões importantes.

Adotar uma ética de vida

Se queremos dar sentido à nossa vida e determinar objetivos, precisamos de um método: qualquer viagem tem um itinerário e exige um meio de transporte. Na perspectiva exposta, o método para atingir a felicidade passa por uma ética de vida. Não devemos pensar em ética como um código moral rígido que nos impede de fazer o que nos passa pela cabeça. Neste sentido, *a ética consiste nos meios de atingirmos os nossos fins. É uma estratégia ou um método.*

Se tomarmos como referência a lei da causalidade, vamos encontrar nela parâmetros para a nossa atitude de vida graças aos quais podemos estabelecer uma ordem de prioridades. Será então mais fácil convidar alguém para entrar na nossa vida e saber com clareza se essa pessoa está ou não em harmonia com os objetivos a que nos propomos. Se nossas ideias forem claras e definidas os riscos de engano serão menores e evitaremos muitos problemas.

É possível que este tipo de relacionamento pareça implicar uma rotina enfadonha e insípida. A ideia que a nossa sociedade tem do "romance" passa pelo "*coup de foudre*", pela paixão louca, pela atração fatal por aquele ou aquela com quem não temos nada em comum mas com quem, apesar de tudo, poderemos viver um amor intenso e perfeito. Infelizmente essas coisas só funcionam bem no cinema. Na realidade da vida, a maior parte das pessoas que se envolvem em relações desse tipo destroem-se e arrastam com elas as famílias e os filhos.

Por outro lado, é errado pensar que as relações que têm bases mais estáveis são forçosamente tépidas, rotineiras e aborrecidas. A paixão, que por vezes não repousa sobre nada de concreto, é como fogos de artifício: é fascinante e ruidosa mas dura apenas um instante. A verdadeira afeição, pelo contrário, é muito mais discreta e precisa de tempo e de intimidade para se desenvolver. É mais como uma acha de carvalho: leva tempo para pegar fogo mas aquece-nos durante horas. Note bem que as duas coisas não são incompatíveis. As achas também têm as suas explosões periódicas!

Portanto, se a nossa relação começa apaixonada, tanto melhor.

Mas não nos entusiasmemos logo! Consideremos se tem alguma hipótese de se transformar num fogo mais duradouro, observando como resiste à passagem do tempo. Se cada dificuldade atravessada for um fator de aproximação e de apreciação mútua é porque os valores sobre os quais a relação assenta são verdadeiros e duráveis e ela tem possibilidade de envelhecer bem. Se, pelo contrário, cada dificuldade nos revelar as incompatibilidades e os aspectos mais negativos de nós próprios e do outro é porque a relação não tem futuro. Nesse caso, evitemos tomar decisões que comprometam a nossa vida e a dos outros.

É importante que a base da relação seja construtiva. A ética de vida que resulta da lei de causalidade resume-se em evitar fazer mal aos seres e ajudá-los o mais possível. O primeiro campo de aplicação deste princípio – e um dos mais evidentes também – é o das relações a dois. Por conseguinte, evitemos sofrer e fazer sofrer os outros por falta de discernimento.

O respeito

Para os budistas, todos os seres possuem a natureza de Buda e portanto todos são dignos do maior respeito. Mas entre as seis classes de seres, como já vimos, os seres humanos possuem um potencial extraordinário, por isso a condição humana é particularmente respeitável. Uma vez que entre todos os humanos nos foi dado conhecer alguém com quem temos mais intimidade, que amamos e com quem desejamos nos ligar, não será contraproducente não respeitarmos essa pessoa?

Curiosamente, porém, certos casais têm dificuldade em conciliar intimidade e respeito. O fato de entrarem na intimidade um do outro, de terem relações sexuais e de partilharem tanto os piores como os melhores momentos os faz perder o respeito mútuo. Isso só prova que a base da relação não é verdadeira, que a imagem que têm um do outro é tão superficial e falsa que não resiste à confrontação com

a realidade e que nunca houve apreciação nem afeição autênticas.

Respeitar alguém não é fazer-lhe reverências nem tratá-lo por senhor; respeitar alguém é reservar-lhe a dignidade de ser humano, não tentar possuí-lo nem fazer dele um "objeto". Mesmo que partilhe conosco os melhores e os piores momentos da nossa existência, não é propriedade nossa e deve manter-se livre e independente. Não devemos fazer qualquer tipo de chantagem com ele, escravizá-lo a partir dos seus pontos fracos ou mantê-lo sob o nosso controle e aviltá-lo, ainda que de maneira sutil.

Idealmente, o fato de duas pessoas se amarem e terem confiança uma na outra devia ser dignificante. Quando dois seres livres decidem estar juntos, isso incentiva o sentimento de dignidade e de respeito mútuo. Mas quando um deles quer possuir o outro nos seus aspectos mais recônditos e secretos, a relação assemelha-se a uma violação.

Existem infinitas possibilidades de relacionamento. Todas elas dependem do passado kármico das duas pessoas. Não podemos esquecer que já fomos todos pais, irmãos, inimigos e animais domésticos uns dos outros. Portanto, ninguém pertence a ninguém, todos temos um longo passado atrás de nós. No momento de morrer cada um seguirá o seu destino e provavelmente voltaremos a nos encontrar, mas ninguém sabe sob que forma. Se queremos que tanto a relação presente como a possível relação futura sejam fonte de bem estar para ambas as pessoas, o respeito é absolutamente indispensável.

A sexualidade

No capítulo sobre o karma, vimos quais são os atos negativos no campo da sexualidade. Vimos também que esses critérios não se baseavam em conceitos "morais", mas que eram conselhos de senso comum, muitos deles baseados num conhecimento do funcionamento sutil do corpo humano. Nesse domínio, o mais importante é respeitar uma ética básica e não cometer ações negativas.

No entanto, dado que o ser humano é atraído pelos objetos das

suas percepções e pelo bem estar a curto prazo, é evidente que se trata de um domínio particularmente poderoso. Com efeito, o prazer da união sexual é dificilmente suplantado por qualquer outro na nossa experiência comum. Por isso é tão envolvente. Muitos de nós tiveram momentos na vida em que se deixaram absorver pela sexualidade a ponto de perder o interesse por contatos humanos ou atividades que antes lhes davam prazer. E com certeza muitos de nós também se lembram do mal-estar que essa absorção provocou: uma ânsia e uma insatisfação acompanhadas de um sentimento de autodepreciação.

Incontestavelmente trata-se de forças poderosas da psique humana. Nesse domínio, como em todos os domínios sensoriais, os excessos são nefastos. Nos tempos atuais, uma afirmação destas sobre sexo provoca sem dúvida reações. No entanto, se comêssemos a toda a hora durante vários dias sem parar, não seria normal adoecermos? Alguém se espantaria se nos sentíssemos mal depois de ter comido carne podre ou serragem? Por que razão poderíamos então impunemente usar mal ou abusar do sexo? Assim como existe uma forma correta de comer, também existe uma forma apropriada de usar a sexualidade.

É evidente que, como seres humanos, é natural buscarmos o prazer. A nossa estrutura psicossomática permite-nos transformar em fonte de prazer atividades necessárias à sobrevivência individual: comer, por exemplo, torna-se prazer gastronômico. Mas se, esquecidos de que se trata principalmente de satisfazer uma necessidade fisiológica, nos abandonarmos aos prazeres da mesa de uma forma descontrolada, os resultados para a nossa saúde podem ser catastróficos. Da mesma forma, embora seja fonte de um prazer intenso, não nos podemos esquecer que o primeiro objetivo da sexualidade é a reprodução, a sobrevivência da espécie. Isso não quer dizer que o sexo só seja permitido para a procriação – conceito há muito ultrapassado – e muito menos que o prazer tenha de ser proscrito. Porém, também não podemos simplesmente ignorar a nossa condição humana e esquecermos que a sexualidade é uma função fisiológica com uma

finalidade precisa e não um instrumento de prazer gratuito.

O cinema, a publicidade, a literatura e a mídia em geral muito têm contribuído para a visão que a sociedade ocidental tem do sexo. Portanto é importante não nos deixarmos influenciar demasiado pelo que nos mostram as telas e mantermos presente a necessidade de um equilíbrio em tudo o que fazemos.

Dito isso, temos de reconhecer que o contato sexual é um importante fator de união num casal. Quando existe harmonia nesse nível, evitam-se muitos problemas. Não podemos menosprezar esse aspecto da psicologia humana e pretender que um profundo desentendimento sexual não tenha nenhum impacto negativo no relacionamento. Mas daí a limitar a relação a dois a uma mera atração sexual, indepentemente da afeição mútua, do respeito e da compatibilidade de visões do mundo, vai uma grande diferença.

Idealmente um casal deveria basear a sua relação numa comunhão de visões do mundo, num afeto profundo e num sentimento de respeito mútuo, bem como na harmonia e numa atração sexual saudável. A visão do corpo – o nosso e o dos outros – como uma máquina de prazer deve ser proscrita, não por o prazer ser mau em si, mas por essa visão ser demasiado redutora das capacidades do ser humano.

Acontece que essas capacidades são espantosas. E aqui talvez se justifique dizer que o Budismo desenvolveu práticas sexuais de união mística que são meios poderosíssimos de transformação interior. Por se articularem em torno de um dos principais motores da psique humana, são ao mesmo tempo os mais poderosos e os mais perigosos de todos os métodos. Assim, essas práticas são consideradas secretas e transmitidas unicamente por um Mestre aos discípulos que ele considera estarem prontos para recebê-las. Entre outros requisitos, o discípulo precisa ter desenvolvido uma imensa compaixão por todos os seres e um grande respeito pelo potencial da vida humana.

Como se pode ver, isso não tem nada a ver com a divulgação barata que certo tipo de imprensa sensacionalista faz destes temas. O "amor tântrico" foi, mais de uma vez, assunto de manchetes

diversas, e essa expressão faz luzir uma centelha lúbrica nos olhos de certas pessoas. Que fique bem claro: tratam-se práticas extremamente exigentes e que requerem um alto grau de disciplina espiritual. Por outro lado, o fato de existirem dignifica e de alguma forma dá ao ato sexual um valor inestimável. Esta noção pode ajudar-nos a ir além da visão limitada de um ato meramente físico, um ato de prazer gratuito em que se utiliza um companheiro, sem qualquer outra consideração.

Uma outra observação que também vale a pena fazer é a da facilidade com que hoje em dia pessoas que mal se conhecem têm relações sexuais. A prática é tão corrente que a ideia de que talvez fosse melhor esperar por conhecer melhor a pessoa antes da união sexual pode parecer retrógrada. Sem nem falarmos do problema das doenças sexualmente transmissíveis, uma atitude dessas é contraproducente. Basta um pouco de experiência para saber que um encontro sexual que tenha sido desejado durante algum tempo tem muito mais probabilidades de ser agradável e intenso do que um encontro imediato. Além disso, a fusão dos elementos mais sutis que ocorre entre dois seres humanos durante o ato sexual é tal que é essencial sabermos com quem estamos nos "misturando". Paradoxalmente, hoje em dia muita gente é capaz de ter relações sexuais com um estranho a quem hesitaria em emprestar a escova de dentes.

Ter filhos

O prolongamento natural da vida de casal é ter filhos. Contudo, mais uma vez, não temos cair nos clichês e sentir-nos obrigados a ter filhos "para ser como todo o mundo" e corresponder à imagem publicitária típica: casal, um filho, uma filha e um cão, mais a casa, o carro, o seguro de vida, etc.

Idealmente uma criança deve ser desejada pelo casal e não apenas pela mãe ou pelo pai. Uma criança não desejada tem um mau começo na vida e vem marcada por um estigma que nunca desaparece

totalmente. Além do mais, o ser que vai nascer e o relacionamento que vamos ter com ele dependem muito da atitude com que o concebemos.

Hoje em dia muitas pessoas queixam-se da dificuldade em educar os filhos. As relações entre pais e filhos tornam-se cada vez mais conflituosas e as famílias são focos de rivalidade e de falta de comunicação. Quando a criança chega à adolescência, é tarde para corrigirmos os nossos erros. Temos de começar por examinar com muito cuidado a motivação que nos leva a desejar um filho e tentar só convidar alguém para nossa casa se tivermos reunido um certo número de condições favoráveis.

Comecemos por examinar a nossa intenção. É por prazer pessoal que queremos essa criança? Estamos à procura de um novo passatempo, agrada-nos brincar de boneca, queremos um animal doméstico? Aspiramos a um prolongamento de nós mesmos, um apêndice, alguém para nos apoiar na velhice, um ser que nos dê afeição? Queremos salvar uma relação periclitante ou é só para sermos como todo o mundo?

Segundo o Budismo, o ser que vai nascer vem de algum lugar. Não é uma cópia de nós mesmos, não somos nós que o fazemos, não é novinho em folha: tem um passado e um futuro que não nos pertencem. *Somos para ele apenas um pai ou uma mãe entre muitos outros que teve no decurso dos seus múltiplos renascimentos. Não é propriedade nossa.*

Por outro lado, o dom da vida humana é precioso. Permitir a um ser nascer com um corpo humano saudável e num ambiente familiar sadio (muito mais importante que a riqueza ou o *status* social), equivale a oferecer-lhe a rara oportunidade de uma tomada de consciência essencial no caminho da felicidade relativa e absoluta. É uma ocasião inestimável e a nossa responsabilidade para com esse ser é grande.

Tendo dado sentido e ordem à nossa existência, encontrado um companheiro por quem nutrimos profundos sentimentos de afeição e de respeito, a melhor motivação para ter um filho é o desejo de oferecer a alguém a dignidade de uma vida humana que seja útil e significativa. Se a nossa

motivação for esta não nos podemos enganar. As crianças que nascem nesses ambientes familiares são muito mais equilibradas e as nossas relações com elas são melhores e mais fáceis. Pais e filhos respeitam-se mutuamente e a vida é mais agradável. Isso não quer dizer que não surjam dificuldades, mas sim que saberemos enfrentá-las com uma atitude sã e harmoniosa.

Concepção, gravidez e parto

Como já disse num dos capítulos anteriores, o ser que vai nascer penetra na matriz no momento da concepção. O princípio consciente "entra" na célula formada pela união do óvulo materno com o espermatozóide paterno. Mas o princípio consciente só pode penetrar se tiver uma ligação kármica com os pais. Esta ligação pode ser harmoniosa ou não e nesse último caso as relações entre pais e filhos são conflituosas. Além disso, o momento da concepção é muito importante. Segundo a lei do karma, o ambiente que existe entre o casal nesse momento determina a natureza dos laços que os vão unir ao ser que é "convidado". Assim, se o ambiente for harmonioso, as relações kármicas positivas estarão favorecidas e se o ambiente for conflituoso será o contrário.

O ideal é que os pais desejem a criança. Em seguida, também é importante que haja harmonia entre eles, que estejam conscientes do ato que estão realizando e que tenham prazer nisso. Na verdade tudo isso é perfeitamente natural e nem devia ser necessário mencioná-lo, mas numa época como esta talvez não seja demais fazê-lo.

Assim, embora o princípio consciente do ser se encontre presente desde o momento da concepção, as capacidades sensoriais e cognitivas estruturam-se conforme seu desenvolvimento. Nos textos budistas encontramos descrições bastante detalhadas das várias fases desta evolução e dos sofrimentos associados. A formação de um corpo

humano não é uma experiência fácil nem agradável.

Por outro lado, o feto sente tudo o que a mãe sente, tanto em nível físico como psíquico. As mulheres bem informadas sabem que têm de adotar um regime alimentar e um estilo de vida equilibrado durante a gravidez, comer alimentos sadios, deixar de fumar, evitar ambientes doentios, etc. Mas deviam acrescentar a tudo isso uma boa higiene mental. Não basta comer bem, é preciso pensar bem. Se é fácil controlar o corpo, é difícil controlar a palavra e muito mais o espírito. Para nos ajudar a encontrar a motivação necessária a este tipo de disciplina, pensemos que não podemos esconder nada àquele ou àquela que está dentro de nós. Tudo o que fazemos, dizemos ou pensamos ele sabe logo. Esse ser está em formação, estamos lhe dando as bases com as quais vai ter de lidar a vida inteira, com que talvez tome decisões das quais dependa o bem estar de muita gente.

É um erro pensar que a educação começa quando a criança nasce, pois tudo o que a mãe viveu durante a gravidez já a influenciou. É importante que a aprendizagem da bondade comece aí, graças à atitude da mãe, que sejam esses os primeiros ecos que tem do mundo onde vai nascer.

Uma outra recomendação que se encontra nos textos é a de não praticar o ato sexual durante a gravidez. Embora a medicina convencional não se oponha a isso, a medicina tibetana e os ensinamentos budistas são formais: a união sexual entre os pais (ou, pior ainda, a união sexual da mãe com outro homem) perturba a criança e é uma experiência muito dolorosa para ela.

Os textos descrevem também o nascimento como um dos quatro grandes sofrimentos da vida humana: trata-se sem dúvida de um momento crítico tanto para a mãe como para a criança. Mesmo se não guardamos uma memória consciente, não esquecemos o nosso nascimento, a angústia de estarmos presos num túnel estreitíssimo sem podermos avançar nem recuar.

Há cerca de vinte anos, um médico francês, o Dr. Frédéric Leboyer,

escreveu um livro, *Naissance sans violence*,[26] muito ao gosto da época. Esse livro influenciou a geração de jovens pais de então e o seu método chegou a ser adotado em algumas clínicas francesas. Nesse livro ele denunciava as condições bárbaras das maternidades: luzes fortíssimas, ambientes artificiais... Mal nascem, as criança são penduradas de cabeça para baixo, separadas da mãe... Claro que nem sempre é possível evitar estes métodos, mas devemos pelo menos refletir um pouco e pôr-nos no lugar do bebê. Quando saímos de um local obscuro para a luz do dia ficamos ofuscados; como não ficará o bebê que acolhemos com luzes fortíssimas? Ele, que só conhece o contato das mucosas do útero em comparação com as quais o tecido mais macio parece estopa, como não se sentirá deitado num leito áspero quando o vestimos? Após meses no calor do ventre materno, como não lhe parecerá inospitaleira a temperatura ambiente? Depois da fluidez do líquido amniótico onde viveu em suspensão, como não lhe será desagradável um mundo onde tem peso e o onde cada gesto pede um esforço? Depois do local exíguo onde estava apertado, como não sentirá medo quando se estica pela primeira vez num mundo vasto onde o penduram pelos pés, de cabeça para baixo? E que dizer da aflição e da dor insuportáveis que o primeiro gole de ar provoca? A criança nasce com os pulmões colados, como balões vazios que de repente se enchem de ar! Mas a maior angústia vem de ter vivido toda a sua vida – uma vida que para nós apenas tem nove meses mas que para ele durou os milhões de anos de evolução da vida, desde os primeiros organismos vivos até aos seres complexos que nós somos – em total união com a mãe e de ser subitamente separado dela. Expulso do seu ventre, perdido, abandonado num mundo onde não tem referências, por vezes retirado de imediato ao seu contato, ao som reconfortante da sua voz.

Em resumo, quando os nossos filhos nascem é bom que pensemos em tudo isso e tentemos suavizar a sua chegada. Não tenhamos apenas palavras afetuosas para a mãe, pensando que acabou de passar por uma

[26] Nascimento sem violência.

prova terrível. Quando tomamos o nosso filho nos braços, façamos com que sinta toda a nossa ternura e tentemos reconfortá-lo, sabendo que acaba de passar pelo estreito corredor que separa a vida da morte.

Educação

O primeiro contato afetivo que o bebê tem com o mundo é através da relação com a mãe, e por essa razão o aleitamento é tão importante. Os médicos estão de acordo em dizer que os anticorpos presentes no leite materno são insubstituíveis, mas o contato caloroso que se estabelece entre a mãe e o bebê o é tanto ou mais. Sua Santidade o Dalai Lama diz muitas vezes que a mãe é o primeiro mestre. É ela que nos ensina a vida e nos dá afeição. A qualidade da nossa humanidade depende em grande parte desses primeiros contatos.

Numa certa época, as descobertas da psicologia sugeriram a ideia que não se devia traumatizar as crianças impondo-lhes uma disciplina. Não quero entrar nesse complexo domínio, tanto mais que não sou especialista. Mas convém não esquecermos o mais elementar bom senso. *Uma criança mal educada sofre muito mais do que uma criança que tem pontos de referência claros.*

Certo investigadores modernos no domínio da psicologia tentaram estabelecer quais são os critérios que, na infância, predispõem os seres humanos para atitudes sãs, equilibradas e compassivas. Eis os critérios que eles estabeleceram.

Os pais controlam bem as suas emoções: o ambiente familiar tem de ser pacífico e harmonioso. A criança fica muito perturbada se os pais discutirem na sua frente ou manifestarem emoções violentas como o ódio, a inveja, a malevolência, etc. É importante que os pais não estejam em desacordo sobre algo que a criança pede ou pergunta. Se não são da mesma opinião e têm alguma coisa a dizer um ao outro, é preferível discuti-la a sós. É um erro pensar que por serem pequenas

as crianças não percebem. *As crianças apreendem a situação globalmente e registram-na, mesmo que não a compreendam.* Não pense que se trata de uma atitude hipócrita e que seria mais honesto não esconder dos seus filhos os desentendimentos conjugais. O importante neste caso não é a opinião que eles têm de você, mas sim oferecer-lhes as melhores bases possíveis para a vida. Eles terão todo o tempo para perceber que você não é perfeito, mas pelo menos o respeitarão pelo esforço que fez.

Os pais têm um comportamento afetuoso: entre eles, com seus filhos, com os amigos e as pessoas da família, os pais têm um comportamento carinhoso e atento. Hoje em dia muitas pessoas sacrificam a família pelas suas ambições profissionais. Se são esses os seus objetivos, para que ter filhos? Para sermos verdadeiramente honestos, só devemos ter filhos se pudermos oferecer-lhes o tempo e o afeto necessários para que sejam verdadeiros seres humanos. É triste constatar que a falta de atenção e de carinho às crianças não é exclusividade das classes desfavorecidas – onde até seria compreensível –, mas que numerosas são as crianças pertencentes a famílias abastadas, com pais profissionalmente brilhantes – médicos, atores, artistas –, que têm enormes carências afetivas.

Os pais impõem limites apropriados aos comportamentos da criança: é muito importante dar pontos de referência à criança. Para realizar qualquer atividade, todos os seres humanos precisam de referências. Os comportamentos turbulentos exprimem muitas vezes a necessidade que a criança tem de sentir os limites. Evitemos ser incoerentes: permissivos num dia e muito severos no dia seguinte. Certas regras devem ser estabelecidas de uma vez para sempre, outras podem variar em função das situações. O ideal é ser ao mesmo tempo firme e flexível, impondo limites claros e estáveis aos comportamentos da criança. Atenção, nunca é cedo para começar! Não pense que o bebê pode fazer tudo o que quer pois poderá ser corrigido mais tarde. Com alguns meses de idade uma criança pode tiranizar uma família inteira. E não esqueça que mesmo se estiver disposto a levantar-se

todas as noites durante meses e meses para acudir aos caprichos do seu filho, um dia ele terá compreender que o resto do mundo não suporta os seus caprichos como você. E nesse dia ele vai sofrer.

Nada mais desagradável do que ir à casa de amigos e não conseguir ter uma conversa com ninguém sem que a pestezinha venha puxar as saias da mãe, dar gritos estridentes, subir pelas nossas costas, desmanchar nosso cabelo e, de uma forma ou de outra, chamar a atenção. Portanto, preparemos o nosso filho para se tornar um ser humano capaz de ser feliz e tornar os outros felizes e não o deixemos tornar-se numa criaturinha antipática e caprichosa que todo mundo evita.

Os pais incutem o sentido das responsabilidades na criança: os pais ensinam à criança que todas as ações têm consequências e valorizam o fato da criança as assumir. Isso prepara a criança para não adotar um comportamento irresponsável de "vítima". Sensibilizam-na para o valor de tudo o que utilizamos e tentam fazer-lhe sentir respeito e gratidão por todos os objetos e, muito mais ainda, por todas as formas de vida.

Os pais sensibilizam a criança para o efeito das suas ações sobre os outros: os pais mostram à criança que tudo é interdependente e que ela é responsável pelos efeitos que provoca nos outros e no meio ambiente. Dominando a tendência que temos para protegê-la, deixemos que ela se confronte com as consequências das suas ações. É extremamente pedagógico e requer muito pouco esforço da nossa parte. Lembro-me de ter lido há anos um livro escrito por um Sioux contemporâneo que nasceu e viveu nas reservas indígenas dos Estados Unidos. Ele contava que um dia, quando era criança, tinha querido dormir ao ar livre, junto da casa de seus avós. Era inverno e a avó disse-lhe que as noites eram frias. Mas, como ele insistia, ela acedeu. O pequeno adormeceu enrolado num cobertor, encantado com as estrelas e excitado com a aventura. No meio da noite, porém, acordou enregelado. Levantou-se sonolento e quis deitar-se na sua cama, mas

teve uma surpresa desagradável quando tentou abrir a porta de casa: a avó tinha-a fechado à chave.

Em resumo

Claro que cada criança e cada situação exigem uma resposta particular. É impossível apresentar uma lista exaustiva de respostas a problemas concretos. No entanto, há certos elementos fundamentais que devemos ter em conta na educação dos nossos filhos.

É absurdo pensarmos que embora a nossa vida seja um caos, o casamento uma catástrofe e a relação de casal um conflito permanente, vamos educar muito bem os nossos filhos e ter sempre a paciência e a justeza necessárias para tomar decisões equilibradas. *É por isso que, para educar crianças e dar-lhes bases sãs, temos de começar por encontrar um certo equilíbrio na vida.*

Em seguida, temos de refletir sobre alguns pontos importantes: o nosso filho não nos pertence, não é um prolongamento nosso, nem uma cópia de nós mesmos. Não tem obrigação de fazer o que não fizemos, de ser o que não fomos, nem de compensar as nossas carências ou frustrações. Podemos oferecer-lhe a melhor educação possível (que não consiste apenas em mandá-lo para uma boa escola, mas em seguir de perto a sua evolução e dar-lhe apoio, atenção e carinho), porém temos de dar-lhe a liberdade de seguir o seu caminho.

É inútil repetir-lhe constantemente: “eu, com a sua idade...”, ou então “faça isto e um dia há de me agradecer”. Há muitas coisas que só a experiência pode ensinar, por vezes à custa de sofrimento e, embora seja natural querermos proteger nossos filhos das experiências dolorosas que nós próprios tivemos, não podemos esquecer que se não as tivéssemos vivido não teríamos o conhecimento que temos hoje. Há uma parte de experiência que cada ser humano tem de viver para se tornar adulto e ela é muitas vezes acompanhada de sofrimento e de dor. Não podemos protegê-los sempre e temos de aceitar que

vão inevitavelmente "quebrar a cara" de vez em quando. Nessa fase, a maior parte do nosso trabalho já foi feita ou é tarde demais. Quando pensamos em ter um filho, quando o concebemos, quando ele era bebê, quando começou a andar, a falar, a fazer perguntas e a precisar do nosso afeto, da nossa atenção e do nosso exemplo, foi então que lhe demos ou não aquilo de que precisa hoje para enfrentar os inevitáveis perigos e dissabores que a vida tem. Agora chegou a hora de colher os frutos do que semeamos, e por vezes esses frutos são bastante amargos!

Geralmente na adolescência a compreensão e a comunicação funcionam muito melhor que a intransigência. Quando percebem que os filhos estão envolvidos em situações perigosas, certos pais têm tendência para reagir violenta e autoritariamente. Embora essa atitude possa ser eficaz com alguns adolescentes, na maioria dos casos dá mau resultado, levando o jovem a afirmar ainda mais as suas opções. Nunca é demais lembrar que as relações entre pais e filhos não são automáticas, mas que, como quaisquer outras, se constroem dia após dia e se estabelecem ao longo dos anos, quer estejamos ou não conscientes disso.

Temos de pensar que somos responsáveis pelo ser que convidamos a fazer parte da nossa família, que temos de lhe dar tudo de que precisa para obter a sua parte de felicidade, poder proporcioná-la aos outros e ser útil à humanidade pela sua atitude positiva. Vejamos o nosso papel de pais como um trabalho exigente, um serviço prestado ao mundo: tomar a cargo a educação de um ser humano para lhe ensinar a gerir bem o seu imenso potencial. Temos de refletir sobre o fato de que muitos dos seres humanos que se tornam perigos para a sociedade tiveram infâncias difíceis. *Educar crianças sãs de corpo e de espírito equivale a oferecer ao mundo mais oportunidades de felicidade.*

É aflitivo constatar como crianças que sofreram de falta de amor e de compreensão se tornam adultos cheios de problemas, que por sua vez educam os filhos da mesma maneira. Se estamos conscientes das lacunas da educação que recebemos, tentemos agir diferentemente

com os nossos filhos.

É essencial respeitar a criança para lhe ensinar o respeito. Isto não significa deixá-la fazer tudo o que quer. É indispensável que saiba respeitar as regras da convivência que mantêm a harmonia entre os membros da família. A criança tem de aprendê-las e não pode tornar-se um pequeno déspota. Se queremos que nos respeite, deves respeitá-la e dar o exemplo respeitando todos. Em vez de fazermos discursos, mostremos a atitude. Não é necessário esperar que esteja em idade de compreender para começar a educá-la. Já nos primeiros meses de vida a criança sabe perfeitamente quem manda. Sejamos firmes sem sermos rígidos e tudo se passará da melhor maneira.

Em resumo, sabermos acasalar e procriar não é razão para acharmos que sabemos educar um filho, que é o instinto que comanda e que não vale a pena preocuparmo-nos porque tudo se faz sozinho. Se estivermos conscientes da nossa responsabilidade de seres humanos – possíveis predadores ou possíveis benfeitores do planeta –, não poderemos ignorar o impacto que o nosso filho pode ter sobre o mundo. Gostaríamos de ter na consciência o peso de ter sido pai ou mãe de Nero, Hitler, ou Mao Tse-Tung?

Por outro lado, se não nos sentimos preparados para assumir uma tal responsabilidade, é de longe preferível não ter filhos. Tal como, se formos minimamente escrupulosos, recusamos um trabalho para o qual não nos sentimos aptos, também não devemos aceitar a responsabilidade de trazer ao mundo um ser só para agradar a alguém ou para ser mais bem aceito na sociedade. Não é como um contrato assinado por alguns anos que se pode, mediante um bom advogado, cancelar a qualquer momento. A responsabilidade que assumimos para com o ser que nasce dura a vida inteira. Aquilo que lhe transmitimos acompanha-o sempre, influenciando-o em todas as decisões que toma, quer seja comprar um carro ou despejar bombas sobre uma cidade.

6
Gerir e Transformar o Sofrimento

EMBORA DESEJEMOS APENAS A FELICIDADE, NÃO CONSEGUIMOS ESCAPAR AO sofrimento. Casamos na esperança de sermos felizes e temos mais

problemas. Temos filhos, mudamos de emprego, mudamos de casa e há sempre inconvenientes associados a todas as situações. Nada é perfeito.

A vida traz-nos contratempos, doenças, dissabores e tragédias, mas a nossa sociedade, vocacionada para o conforto, prepara-nos muito mal para tudo isso.

Aprender a gerir e a transformar o sofrimento é com certeza mais útil e indispensável que aprender a guiar um automóvel ou a utilizar um computador e, no entanto, nenhuma escola o ensina. Os métodos budistas para lidar com o sofrimento e transformá-lo num amigo podem ser extraordinariamente úteis.

> O sábio compreende que a felicidade e o sofrimento dependem inteiramente do espírito e por conseguinte não procura a felicidade noutro lugar. Compreendendo que as causas da felicidade se encontram todas dentro de si, não depende das circunstâncias exteriores. As dificuldades, sejam elas devidas aos seres ou às coisas, não ferem aquele que tem esta compreensão. Além disso, no momento da morte, esta mesma força de espírito está presente e traz-lhe paz e felicidade.
>
> *Dodrupchen Rinpoche*

A verdade sobre o sofrimento

A primeira vez que Buda ensinou, começou por falar do sofrimento. Uma vez que todos os seres procuram ser felizes e evitar o sofrimento, não pode haver assunto mais urgente, nem de maior atemporalidade. Esse primeiro ensinamento foi chamado de "Quatro Nobres Verdades" e a primeira é a verdade sobre o sofrimento. Embora a palavra sânscrita *dukkha* seja geralmente traduzida por sofrimento, na realidade ela significa insatisfação, fazendo referência ao caráter insatisfatório de todas as experiências que podemos ter neste mundo. Esperamos demasiado dos objetos, dos seres e das situações: esperamos que nos tragam a felicidade e que façam desaparecer a insatisfação e a insegurança que sentimos de forma permanente. Estamos aqui e queríamos estar noutro lugar, é de dia e queríamos que fosse de noite, temos isso e queríamos aquilo.

O que quer que façamos, o nosso estado de não-reconhecimento da verdadeira natureza dos seres e dos fenômenos causa-nos uma inquietação fundamental. Dessa incompreensão básica nascem sentimentos diversos: medo, ódio, desejo, inveja, orgulho. Os fenômenos e os seres – como a própria ciência nos explica – são impermanentes, instáveis, móveis e interdependentes e nos relacionamos com eles como se eles fossem permanentes, fixos, estáveis e independentes. É o mesmo que confiar num ladrão e entregar-lhe uma grande quantia: expomo-nos a toda espécie de dissabores. Portanto, o sofrimento faz parte da natureza do *samsara*, é um mecanismo incorporado na visão falsa do eu e dos fenômenos. Foi por ter compreendido isso que Buda deixou o palácio do pai e se tornou um asceta errante, decidido a encontrar um caminho que permitisse alcançar a transcendência do sofrimento.

Existem vários métodos para enfrentar o sofrimento. Um deles consiste em compreender, prever e proteger-se dos fenômenos, ou seja, tentar controlar o mundo físico. Foi este o método escolhido pelo Ocidente, sobretudo de umas décadas para cá, e que levou Bernard Shaw a dizer com ironia: "Os homens inteligentes adaptam-se à natureza, os imbecis tentam adaptar a natureza a si. É por isso que aquilo a que se chama progresso é obra dos imbecis".

Mas o sofrimento não nos advém apenas dos fenômenos, depende em grande medida do nosso estado de espírito. O mesmo acontecimento não afeta duas pessoas da mesma maneira, nem sequer a mesma pessoa em épocas diferentes da sua vida. A mesma doença pode ser vivida como um pesadelo por uns e como uma bênção por outros. *O sofrimento pode ser mal vivido, bem vivido ou transformado em riqueza interior se o aceitarmos e se conseguirmos dar-lhe sentido.* Ou seja, o fator psicológico é predominante. Foi por essa razão que Buda se debruçou sobre o seu próprio espírito e tentou encontrar nele as causas profundas do sofrimento.

Portanto, enquanto a abordagem ocidental é essencialmente materialista, a abordagem oriental vira-se para o espírito e desenvolve métodos para compreender os fenômenos que se apóiam no conhecimento da lei do karma e nos explicam de que modo as nossas ações influenciam o meio ambiente, dando-nos as rédeas da nossa vida. Por outro lado, quando os frutos das nossas ações passadas começam a amadurecer e a surgir sob a forma de sofrimentos ou alegrias diversas, o conhecimento da lei kármica, embora nos permita compreender melhor as causas de tudo o que nos acontece, não basta para nos ajudar a enfrentar a adversidade. Temos de compreender o funcionamento do nosso espírito, evitar certas atitudes e pensamentos e cultivar outros, ou seja, temos de aprender a bem pensar.

Claro que, no contexto budista, todos estes métodos pertencem à verdade relativa, a verdade partilhada por todos os seres humanos, o nível perceptível da realidade. Para atingirmos a transcendência do sofrimento temos de reconhecer a sua origem – a ignorância da natureza dos seres e dos fenômenos – e destruí-la.

Vários tipos de sofrimento

Como vimos, o sofrimento está presente em todas as formas de existência samsárica. Ele impregna os seis mundos e nem mesmo as existências superiores lhe escapam. *A natureza do samsara é sofrimento porque é incompreensão, erro e inadaptação.* Podemos dizer que, sendo a visão samsárica do mundo uma doença, o sofrimento é o seu sintoma característico. Portanto, quando o sofrimento se manifesta, devemos pensar que se trata do sintoma característico da nossa doença. Não somos os únicos a sofrer, todos os seres sofrem. Na verdade, além da natureza de Buda, aquilo que temos em comum com todos os seres é o sofrimento. Se encontrássemos um ser infernal ou um antideus muito provavelmente não poderíamos nos comunicar com eles. Mas decerto saberíamos reconhecer e sentir o seu sofrimento. O sofrimento tem uma linguagem universal que ultrapassa as diferenças de língua, de raça, de cultura e mesmo de espécie.

É em virtude das suas capacidades intelectuais que os homens têm sofrimentos particularmente complexos, mas é também graças a elas que têm mais possibilidades de reconhecer o sofrimento e de transcendê-lo. Para tal, têm de refletir profundamente sobre a natureza e as diferentes formas de sofrimento.

Os textos tradicionais distinguem três tipos de sofrimento fundamentais que são comuns a todas as formas de existência. O primeiro é o **sofrimento da impermanência**. Acabamos de comer uma boa refeição e temos uma indigestão; após vinte anos de vida comum o nosso cônjuge pede o divórcio; depois de vários êxitos profissionais perdemos o emprego; em resumo, a cada instante tudo muda e essa mudança traz-nos sofrimento.

O segundo é o **sofrimento por acumulação**. Abrimos falência e os amigos abandonam-nos. Esta situação deprime-nos, tomamos tranquilizantes e sofremos um acidente de carro. As dificuldades financeiras criam problemas familiares e a nossa esposa consola-se nos braços de outro. É o que a sabedoria popular exprime no ditado “a desgraça nunca vem só”.

Este tipo de sofrimento pode explicar-se também de outra forma. Como o sofrimento exacerba a noção de individualidade, quando sofremos temos tendência para estreitar a nossa visão do mundo, centrá-la ainda mais sobre nós mesmos. Quanto mais pensamos em nós, mais suscetíveis ficamos e mais sofremos. É como se estivéssemos cobertos de feridas: a pele fica tão sensível que reage à menor corrente de ar. Assim, quando sofremos muito, os comentários mais banais ferem-nos profundamente. *Ou seja, o fato de sofrer predispõe-nos para o sofrimento.*

O terceiro é mais sutil. Chama-se por vezes o **sofrimento que impregna tudo** ou então o **sofrimento em formação**. A natureza do *samsara* é um potencial de sofrimento: em virtude da maneira inadaptada com que nos relacionamos com o mundo, para nós tudo é uma fonte potencial de sofrimento, de forma que *tudo o que nos dá felicidade pode causar-nos sofrimento.*

Além disso, todos os objetos que utilizamos foram produzidos à custa de muito sofrimento. Extrair a matéria prima, fabricar os diversos objetos, condicioná-los, distribuí-los, vendê-los – todas as fases da produção do que quer que seja implicam o sofrimento de muitos seres. Este sofrimento é o preço a pagar para que possamos dispor desse objeto ou dessa substância, para que possamos ter um momento de prazer. A nossa própria vida é mantida a custo de outras vidas, pois para sobrevivermos matamos constantemente. Na verdade, quando alargamos a nossa perspectiva, vemos que todos os prazeres da existência são como mel lambido na ponta de uma navalha: o gosto do mel e o do sangue estão misturados. Tudo nos faz acumular karma, que se manifestará mais cedo ou mais tarde sob diversas formas, mantendo-nos prisioneiros do *samsara*. É assim que o ciclo dos nascimentos se perpetua.

Aceitar o sofrimento

Uma vez que é esta a natureza do *samsara*, é importante aprendermos a gerir e a transformar os inevitáveis sofrimentos. Para isso temos de começar por aceitá-los. À luz da lei do karma, o primeiro passo para a aceitação do sofrimento é o reconhecimento da responsabilidade que nos cabe em qualquer situação. É importante não pensarmos que somos vítimas de uma injustiça ou que houve engano. *Quaisquer que sejam as aparências, mesmo que sejamos acusados de um crime que não cometemos, a razão encontra-se nas nossas ações anteriores cujo potencial negativo ficou guardado e se manifesta agora tomando a forma desta dificuldade específica.* Era uma espécie de abcesso ou de tumor kármico e podemos aprender a sentir algum alívio por ele se manifestar enfim, libertando-nos de vez da ameaça que pairava sobre nós. Quando se abre um abcesso que nos incomoda, apesar de a operação ser dolorosa, sabemos que evitamos um sofrimento maior. Podemos considerar todos os sofrimentos deste modo.

O fato de não acreditarmos na lei do karma não nos impede de reconhecermos os nossos erros, de compreendermos em que medida contribuímos para os nossos próprios sofrimentos. Temos de deixar de culpar os outros ou as circunstâncias e recusar a nossa responsabilidade porque, ao fazê-lo, recusamos a situação, acrescentamos ao sofrimento inicial um sentimento de revolta e sofremos ainda mais, sem que isso nos traga nenhum benefício.

Mas isso também não significa que devamos cruzar os braços e abandonar toda e qualquer tentativa para solucionar a situação. Significa apenas que devemos encará-la com coragem, sem tentar fugir nem atribuir a responsabilidade a terceiros. Contrariamente ao que se pode pensar à primeira vista, esta abordagem é bem mais confortável e necessita apenas um pouco mais de coragem no início.

Por outro lado, em situações dolorosas, uma grande parte da angústia nasce da impressão que temos de sermos os únicos a sofrer. Como estamos habituados a considerarmo-nos o centro do universo, o sofrimento é-nos intolerável e parece-nos uma maldição do destino. Quando isso acontece, temos de reagir e lembrarmo-nos do número de seres que sofrem como nós ou ainda mais. Se olharmos ao redor,

em vez de nos fecharmos no nosso minúsculo universo, veremos que todos os dias há confrontos armados, mulheres violadas, crianças assassinadas, desastres vários e, numa escala menor, pessoas à nossa volta que têm fome ou que sofrem de solidão. O que nos acontece, por muito terrível que seja, é apenas uma gota num oceano de sofrimento.

Um dia, uma mulher que tinha perdido o filho veio ver Buda e pediu-lhe que o ressuscitasse. Vendo o seu desespero, Buda disse-lhe que tinha um remédio, mas que para o confeccionar precisava de um punhado de sementes de mostarda vindas de uma casa onde não tivesse morrido ninguém. A mulher percorreu a vila, batendo em todas as portas, e não descobriu um único lar em que não tivesse morrido alguém. Compreendeu que não era a única a ter perdido um ente querido e aceitou a morte do filho.

Portanto, quaisquer que sejam os argumentos que damos a nós mesmos, temos de nos abrir aos outros e ao mundo e reconfortarmo-nos com o sentimento de solidariedade criado em nós por essa abertura. Ademais, nenhuma situação é completamente negativa e haverá sempre aspectos positivos. Uma garrafa de água pode estar metade cheia ou metade vazia. Temos sempre a escolha entre uma perspectiva otimista e uma perspectiva pessimista. Por que não escolher a que nos dá mais bem estar? Um Mestre tibetano do passado, que tinha apanhado lepra, dizia-se muito feliz por a lepra não ser uma doença dolorosa. Do mesmo modo podemos achar que temos sorte por não termos uma doença pior, por nossa família nos apoiar, por termos dinheiro para pagar um bom médico ou um bom advogado, etc.

Aceitar o sofrimento pela compreensão da situação

Um dos fatores que agudiza o sofrimento é o fato de concentrarmos toda a culpa numa causa única, num só responsável. Se analisarmos bem essa tendência, temos de reconhecer que a situação nasceu de um grande número de fatores, muitos dos quais dependiam diretamente

de nós.

Um outro elemento que torna o sofrimento particularmente intolerável é pensar que houve má intenção por parte de alguém. Quando nos acontece uma coisa desagradável, temos tendência a pensar que é por alguém nos querer mal e sofremos terrivelmente com isso. Anos depois, quantas vezes percebemos que houve um estranho concurso de circunstâncias, uma série de mal-entendidos, alguma má vontade até, mas não uma verdadeira malevolência. Temos de reconhecer que na maior parte dos casos foi imaginação nossa.

Suponha que você entra num quarto e vê um homem estendido numa cama, amarrado e aos gritos. Há sangue no chão e um outro homem está lhe amputando uma mão. Se não conhecer as duas pessoas, se não compreender a sua relação nem souber por que ali se encontram, você pode imaginar vários cenários. Pode ser uma operação para salvar a vida de uma pessoa com gangrena numa região onde a assistência médica é inexistente ou primitiva. Pode ser a aplicação de uma pena. Pode ser uma tortura. *O que você vai sentir perante o espetáculo dependerá da sua interpretação: quanto mais achar que a intenção é malevolente, mais horrorizado ficará.*

Quando se trata de situações difíceis, e embora no desconhecimento das intenções alheias, a maior parte das pessoas escolhe o pior cenário, o mais tenebroso. Qual é o interesse de uma escolha que nos faz sentir mais angústia, mais revolta e mais intolerância perante o sucedido?

Imagine uma situação em que houve realmente má intenção por parte de alguém. Se analisar as circunstâncias, você irá descobrir que essa pessoa agiu movida pelo sofrimento, que deturpou sua visão das coisas. Se procurar os seus antecedentes, vai constatar, por exemplo, que foi mal-amada ou rejeitada durante a infância, que é muito insegura, que vive num ambiente familiar deficiente ou que tem uma doença terrível. Quando lhe acontece desejar mal a alguém, não só não se considera um monstro, como geralmente até acha que tem razão – o mesmo acontece com os outros. À parte os casos psiquiátricos, a maior parte das pessoas que age com má intenção está apenas sob o

efeito da dor e da falta de discernimento, tentando desajeitadamente ser feliz e evitar o sofrimento.

Quando a situação não envolve uma intervenção humana que possamos responsabilizar pelo nosso sofrimento, acontece-nos ter a impressão de que se trata de uma "conspiração universal", como se tudo estivesse contra nós. Porém, se nos distanciarmos um pouco, veremos que mesmo a situação mais simples não deixa de ser uma complexa e inextricável rede de causas e de circunstâncias. Quanto mais profundamente analisamos, mais essa complexidade nos aparece e menos conseguimos encontrar um só "culpado". Perdemos a ideia de "um inimigo único e pessoal" e abarcamos melhor a complexidade da situação, o que, por seu lado, minimiza o sofrimento e nos ajuda a aceitá-lo.

Dar sentido ao sofrimento pelos benefícios que nos traz

Na nossa vida quotidiana aceitamos muitos sofrimentos e muitas contrariedades sem quase darmos por isso. Por exemplo, aceitamos um trabalho que não nos agrada, uma casa barulhenta, o temperamento difícil do nosso cônjuge, o esforço de um treino desportivo, uma consulta ao dentista, congestionamento e muitas outras coisas. Por que aceitamos todas essas dificuldades com naturalidade e sem grande revolta? *Aceitamos porque têm sentido para nós: a longo prazo pensamos que nos darão prazer, conforto, uma certa alegria.* A remuneração do trabalho que não gostamos de fazer permite-nos obter algum prazer; o temperamento do nosso cônjuge é compensado por outros lados positivos da nossa relação; e o esforço do treino desportivo pode nos fazer ganhar uma competição. Mas se o trabalho não for remunerado, se o nosso cônjuge não tiver outras qualidades ou se o esforço físico for exigido num contexto diferente, achamos essas situações injustas e desprovidas de interesse. Não as aceitamos e revoltamo-nos contra elas.

A nossa apreciação do caráter doloroso das experiências depende portanto de lhes reconhecermos ou não algum valor na obtenção da

felicidade e do bem estar. No extremo – como no caso do treino desportivo – há mesmo experiências que, embora sejam dolorosas, não são consideradas como "dor", sendo reconhecidas como "prazer". *Numa certa medida, o fato de darmos sentido ao sofrimento pode fazê-lo desaparecer ou mesmo transformá-lo em felicidade.*

Portanto, para enfrentarmos o sofrimento e a dor é muito importante encontrar-lhes sentido. Como vimos mais acima, é possível em certos casos dar sentido ao sofrimento graças aos benefícios que ele nos traz a longo prazo. Segundo a lei do karma, o sofrimento liberta-nos de antigas acumulações kármicas, das consequências dos atos realizados que vão amadurecer de qualquer modo. É como pagar uma dívida: pode não ser agradável gastar esse dinheiro, mas depois nos sentimo mais leves.

Além disso, o sofrimento pode tornar-nos mais abertos e sensíveis ao mundo. Pessoas que passaram por grandes dificuldades desenvolvem por vezes qualidades de coração apreciáveis. Não é raro que, depois de uma doença, um acidente ou um grave problema psicológico, pessoas egoístas se tornem homens e mulheres extraordinários. A adversidade põe em xeque a arrogância e o orgulho, confronta-nos com a realidade da nossa situação e leva-nos a questionarmo-nos sobre pontos essenciais da existência. Ao contrário da felicidade, que entorpece e inspira arrogância e insensibilidade, o sofrimento pode despertar e sensibilizar para a dor alheia. Como dizia um grande Mestre tibetano: a dor é melhor conselheira que a felicidade.

Podemos também refletir sobre o número de circunstâncias adversas que tiveram consequências positivas importantes na nossa vida, levando-nos a fazer opções que, de outra forma, nunca teríamos considerado e abrindo campo para oportunidades novas das quais retiramos grandes satisfações. Por que não se passaria o mesmo desta vez? *De toda forma, quanto mais positiva for a nossa atitude, mais as consequências dessa situação adversa reverterão em nosso favor.*

Dar sentido ao sofrimento pelos benefícios que traz aos outros

Quando tentamos cultivar este tipo de abordagem, temos de estar munidos de vários argumentos. Em certos casos, por mais que tentemos, não conseguimos reconhecer que benefícios pessoais podemos retirar de uma dada situação dolorosa. Nesse caso é possível dar sentido ao sofrimento na medida em que ele contribui para o bem estar alheio. Em tempo de guerra ou em situações extremas, há pessoas que arriscam a vida para salvar outras. Mesmo que sejam feridas, o fato de terem salvo a vida de alguém dá sentido ao sofrimento e não lamentam o seu ato de coragem. A alegria de terem salvo uma vida anula automaticamente grande parte dos seus sofrimentos. Tomemos dois exemplos reais da forma como o sofrimento pode ganhar sentido pela sua contribuição para a felicidade alheia.

Um casal deseja ter um filho. Depois de algumas tentativas a mulher engravida e ficam ambos extremamente felizes. No sexto mês de gravidez, após alguns exames de rotina, descobre-se que o feto tem uma malformação grave do cérebro: se não morrer antes disso, viverá apenas algumas horas após o nascimento. Esta notícia deixa-os destroçados, totalmente revoltados: o bebê que tanto desejavam vai morrer antes mesmo de começar a viver, a sua vinda ao mundo é totalmente vã. Depois de dias e dias de desespero o marido tem uma ideia: e se oferecessem os órgãos de seu filho para que outra criança pudesse viver? Assim a sua vida tão breve não terá sido vã e o sofrimento de todos eles ganha sentido.

M. descobre que tem câncer de mama. A doença está num estado relativamente avançado e, seguindo o conselho dos médicos, ela opta pela cirurgia e quimioterapia. M. é budista. A doença a faz refletir profundamente sobre o sentido da vida e a urgência da prática espiritual. Quando está em fase de recuperação, M. recebe a proposta de ajudar outros doentes cancerosos que desejam ter um acompanhamento budista. Este trabalho dá um novo sentido à sua experiência e o seu sofrimento transforma-se num meio de se aproximar dos outros, de compartilhar com eles a sua experiência. O enriquecimento

que resulta desta doença e a profunda experiência humana que está vivendo são tais que toda a situação lhe parece agora uma passagem indispensável na sua vida.

É evidente que nem todas as situações têm este tipo de soluções. Por vezes, por muito que procuremos, não conseguimos descobrir de que modo o nosso sofrimento pode ser útil a quem quer que seja. Temos então de perceber que, tal como nos exemplos anteriores, o simples fato de *pensarmos* em oferecer os órgãos do bebê ou em ajudarmos outros enfermos a enfrentar a sua doença já nos dá um grande bem estar. Estas soluções aliviam a dor muito antes de fazermos a doação dos órgãos ou de termos na nossa frente um doente em busca de ajuda. *Ou seja, quando o nosso sofrimento não pode de maneira alguma beneficiar alguém, podemos dar-lhe sentido desejando que ele evite o sofrimento de alguém ou que graças a ele alguém seja mais feliz.*

Imagine que você sofre um acidente de carro. Pode, por exemplo, ficar contente por não ter sido o seu filho, a sua mãe, o seu marido, ou seja quem for de quem goste muito, pensando que eles teriam mais dificuldade em enfrentar a situação. É uma bênção amar um ser ao ponto de desejar tomar sobre si o seu sofrimento, pois torna-se muito fácil sentir-se feliz por sofrer em vez dele. É um pensamento que podemos cultivar conscientemente, quando estamos confrontados com a dor, seja ela física ou mental. Quando um bombeiro, que sofreu uma queimadura grave, pensa nas três crianças a quem salvou a vida, sente-se tão feliz do seu ato que este pensamento funciona como quase como um analgésico.

Como não estamos habituados a pensar assim, temos de cultivar este tipo de perspectiva, treinando-nos em situações menos graves, se queremos estar prontos para enfrentar momentos mais difíceis. O Budismo propõe maneiras ancestrais de desenvolver e cultivar metodicamente este tipo de atitude. Por exemplo, quando enfrentamos qualquer situação dolorosa, podemos pensar o seguinte: “Em virtude do meu karma passado, surgiu agora esta situação terrível. Estou sofrendo muito, é quase insustentável. Como eu, há milhares de pessoas

que estão vivendo coisas terríveis, por vezes piores ainda. Como seria bom se este sofrimento pudesse servir para lhes evitar o delas! Uma vez que não posso escapar desta situação, que ela sirva ao menos para amenizar os sofrimentos alheios."

Para quem não está habituado, este argumento parece forçado e artificial, mas a experiência mostra que é perfeitamente eficaz, mesmo em situações extremas. Tibetanos torturados em prisões chinesas afirmam que de início ficaram desesperados. Porém, quando se lembraram destes ensinamentos que tinham ouvido quando jovens, começaram a praticá-los, agarrando-se a eles com a energia do desespero em que se encontravam. Durante e entre as sessões de tortura, formulavam constantemente o voto de que os seus sofrimentos servissem de resgate ao sofrimento alheio. Este pensamento funcionou tão bem que, no final, quando os vinham buscar para a câmara de tortura, não sentiam angústia nem ódio, apenas o sentimento exultante de alguém que se atira ao mar para salvar uma criança que está se afogando.

Dar sentido ao sofrimento pela aspiração à transcendência

Até aqui todos os métodos que mencionamos para dar sentido ao sofrimento baseiam-se em argumentos que não exigem uma atitude religiosa no sentido mais estrito da palavra. A noção de responsabilidade dos nossos atos não depende necessariamente da noção de karma e podemos retirar benefícios do sofrimento para nós e para outros sem nos apoiarmos numa crença religiosa.

Talvez uma razão pela qual o homem moderno tem tanta dificuldade em aceitar e dar sentido ao sofrimento é porque sua vida está vazia de sentido. O materialismo reducionista da nossa sociedade esvaziou a existência humana dos seus valores mais importantes, reduzindo-a à sobrevivência de cada dia, a um conjunto de gestos mecânicos realizados por seres muito pouco "pensantes" e muito

pouco sensíveis. Assim, as coisas triviais com que ocupamos a nossa existência parecem dar-lhe sentido em termos de dia a dia: um almoço com os amigos, um fim de semana romântico no campo de vez em quando, o aluguel da casa, a prestação do carro, a apólice do seguro para pagar. Assim, de prazo em prazo, lá vamos vivendo, chegando ao fim do mês, recomeçando mais outro, ano após ano. Mas quando algo verdadeiramente terrível ocorre, todas essas minúsculas tarefas caem por terra. Qual é o sentido de viver assim? Perante o absurdo da nossa existência, torna-se difícil dar sentido ao que quer que seja. E perante um sofrimento absurdo, que parece vir do nada e não conduzir a nada, a revolta é quase inevitável.

A experiência prova que, perante as situações verdadeiramente difíceis da vida, de um modo geral, aqueles que têm uma fé religiosa reagem melhor e têm mais coragem. Porém, parece-me que isso se deve sobretudo ao sentido que a fé dá à existência, um sentido que transcende o momento presente e se estende para além desta vida. Por conseguinte, será sempre mais fácil lidar com o sofrimento se a nossa vida tiver sentido do que se estivermos suspensos num perfeito absurdo.

Para transcender o sofrimento, a perspectiva teísta oferece-nos a possibilidade de lhe dar sentido pela aceitação da vontade de Deus. Uma vez que Deus é todo poderoso e infinitamente misericordioso, a Sua Vontade é forçosamente positiva. Pode ser que no momento seja impossível reconhecer o valor da prova a que nos submete mas, se confiarmos na Sua infinita bondade, veremos que, a longo prazo, tudo o que Ele faz é para o nosso bem.

Além do mais, a adversidade põe à prova a nossa confiança, remete-nos para o essencial, liberta-nos do que é supérfluo e, portanto, aproxima-nos de Deus. Muitas pessoas saem de provas muito dolorosas com mais fé e afirmam ter sentido uma grande comunhão com Deus nos momentos mais difíceis.

Numa religião não teísta como o Budismo, a abordagem é diferente. Para o Budismo, a noção de transcendência remete-nos para a nossa

natureza mais profunda, ou Natureza de Buda. Esse potencial, cuja qualidade é uma insustentável ternura, exprime-se naturalmente numa serenidade e num bem estar profundos. As técnicas de meditação budistas, que vamos estudar no capítulo seguinte, ajudam-nos a reconhecer e a permanecer nesse estado natural que nada pode alterar. *Um praticante experimentado pode libertar-se das garras do sofrimento e da angústia graças ao reconhecimento da natureza do seu próprio espírito.*

Um exemplo pode ajudar-nos a compreender isto. Um pianista apaixonado pela música pode esquecer todos os problemas e mesmo as dores físicas quando se senta ao piano. Isso exige alguma concentração, mas ela nasce naturalmente da sua paixão pela música. Do mesmo modo, uma pessoa bem treinada na meditação pode desligar-se e libertar-se de todos os problemas e até das dores físicas.

Para um Budista o sofrimento é também uma incitação ao reconhecimento da sua natureza profunda, à descoberta da paz e da liberdade supremas que permitem transcendê-lo definitivamente.

Combinar os métodos

Embora estes métodos tenham sido descritos em separado, numa situação difícil teremos de combiná-los. O espírito é extremamente instável e, por conseguinte, temos de utilizar vários argumentos para o mantermos na atitude correta. Um argumento que funciona hoje pode não funcionar amanhã, e portanto temos de nos treinar para abordar o sofrimento segundo diversas perspectivas.

O mais difícil é vencer a resistência que sentimos à ideia de "treinar" o espírito. É curioso que, embora a ideia de treinar o corpo nos pareça natural, resistimos à ideia de exercermos controle sobre nossa maneira de pensar. Temos uma vaga e indefinível sensação de que devemos deixar o espírito fazer o que ele quer, que não devemos controlá-lo ou dirigi-lo, que devemos deixá-lo ser natural. Mas o que é *natural*? *Natural* em relação a quê? Quando pensamos de forma negativa,

vemos inimigos por todo lado e nos revoltamos contra situações inevitáveis, estamos sendo naturais? O fato de termos tendência para encarar o sofrimento de modo negativo não torna esta atitude nem mais legítima nem mais positiva. Trata-se apenas de um hábito mental, e nem todos os hábitos, por muito arraigados que sejam, são bons.

Além disso, o fato de se tratar de um hábito muito comum não prova que seja legítimo nem inerente à nossa natureza. Por exemplo, há muitas pessoas que fumam, que não podem passar sem fumar e que acham isso natural. Esse simples fato não implica que o tabaco seja saudável ou que fumar seja uma característica inerente à vida humana.

Por outro lado, se nos habituarmos a pensar de modo diferente, cultivando constantemente pensamentos positivos, ao fim de algum tempo eles se tornarão tão naturais como os pensamentos negativos que antes tínhamos. Deixamos de ter de observar as nossas reações, refletir com cuidado e eventualmente corrigi-las. Cada vez que algo acontece na nossa vida nós o vemos de imediato de forma positiva, como uma ajuda e um incentivo. Isto prova que aquilo que consideramos natural é apenas o fruto de um hábito. E não há dúvida de que certos hábitos são mais saudáveis do que outros.

Portanto, temos de começar por vencer a resistência à ideia de controlar e habituar o nosso espírito a essa atitude para podermos nos treinar. Para sermos capazes de enfrentar situações difíceis temos de nos treinar na vida de todos os dias, com pequenos contratempos sem gravidade, aprendendo a dar mais flexibilidade ao espírito. Embora possa acontecer que alguém muito impaciente e intolerante reaja de forma positiva numa situação difícil, as probabilidades são mínimas. Se queremos ter a certeza de reagir bem, temos de cultivar uma atitude de espírito positiva, de forma a encontrar os argumentos certos quando surgem circunstâncias adversas. Não podemos esquecer que o sofrimento bem gerido é um fator de enriquecimento, de desenvolvimento das qualidades humanas e mesmo de evolução espiritual. Não desperdicemos as oportunidades que a vida nos oferece e escutemos as palavras de Dodrupchen Rinpoche: "Temos de compreender

que se os homens sofrem tanto na nossa época é por falta de discernimento. Não ser afetado por obstáculos como inimigos, doenças e influências negativas não significa que as tenhamos eliminado para sempre, mas que as impedimos de se tornarem entraves ao nosso progresso na via da libertação."

7

A Meditação

Ouve-se cada vez mais falar em meditação, mas a maioria das pessoas ignora o que é, qual a sua finalidade e a sua utilidade.

Ao longo dos séculos o Budismo aprofundou o estudo do espírito graças a métodos elaborados e tão rigorosos que levaram Sua Santidade o Dalai Lama a chamá-lo uma ciência do espírito. Os conceitos budistas para descrever o funcionamento e a estrutura do espírito são extremamente precisos e profundos, não existindo equivalentes na cultura ocidental.

Para o Budismo, o domínio do espírito não se limita ao pensamento discursivo e, para o conhecermos na íntegra, temos de utilizar métodos que não sejam apenas o da análise racional. É aí que surge a meditação.

O espírito não tem forma, cor, nem substância – é o seu aspecto vazio. Mas por outro lado pode conhecer e ter a percepção de uma quantidade de fenômenos – é o seu aspecto luminoso, ou seja, cognitivo. A união inseparável destes dois aspectos – vacuidade e luminosidade – é aquilo a que se chama o espírito original imutável.

Dilgo Khyentse Rinpoche

Geralmente, quando falamos de espírito estamos falando de um conceito abstrato. Se não tivermos uma experiência direta do nosso espírito e nos pedirem para o identificarmos, teremos tendência para o associarmos ao cérebro. Se nos pedirem para definir o espírito, diremos talvez que se trata de algo que tem a capacidade de "conhecer", algo que é "claro" e "cognitivo". Mas, enquanto não tivermos uma

experiência direta do espírito através da meditação, estas definições são meras palavras.

Tenzin Gyatso, Décimo Quarto Dalai Lama

É um sol interior que inunda o espírito durante uma fração de segundo, um estado de certeza, uma expressão da natureza fundamental da iluminação que todos possuímos. Se nos treinarmos a permanecer neste estado, apagaremos progressivamente os véus mentais que encobrem essa natureza.

Pema Wangyal Rinpoche

A transcendência

Existem duas abordagens possíveis na procura de felicidade. Uma é mundana, a outra é transcendente. Por mundana, referimo-nos aqui à visão do mundo que não ultrapassa o nível perceptível habitual. Comermos quando temos fome, dormirmos quando temos sono, sermos amados por quem amamos, tudo isso faz parte da procura de felicidade "mundana".

De certo modo a abordagem cultural da nossa sociedade, embora materialista, implica uma forma de crença "transcendente". Com efeito, as teorias científicas que explicam as leis do universo não são do domínio do que é diretamente acessível aos sentidos. Não só necessitam de aparelhos que prolonguem as capacidades sensoriais como exigem o conhecimento de um grande número de conceitos altamente abstratos e sutis, expressos em linguagem matemática e apenas acessíveis a um reduzido número de indivíduos. Todos esses conceitos que permitem ordenar e interpretar os dados experimentais fundamentam-se, como já disse, na crença de *que existe uma ordem, um nível de realidade que*

ultrapassa os sentidos e que esse nível é inteligível. Rupert Sheldrake diz: "As teorias científicas, como os mitos, são construções mentais, tentativas de dar sentido ao mundo. Como os mitos, têm uma dimensão cultural."[27]

Será que a maioria de nós – que não tem uma formação científica – sabe, por exemplo, o que é uma partícula quântica? Será que o leitor já viu alguma? Consegue concebê-la? No entanto, todos acreditamos na sua existência, baseando-nos apenas na confiança que temos no método e na interpretação científica do mundo. *Trata-se, pois, de uma crença que não se baseia numa observação direta de fenômenos e que, portanto, não é basicamente diferente da crença das pessoas que acreditam numa tradição religiosa, com base em métodos postos à prova e testemunhos de seres humanos que elas consideram dignos de fé.*

Mas quando, no contexto de uma filosofia ou de uma religião, falamos de transcendência, damos mais um passo. *A visão científica do mundo admite a existência de um nível de realidade que ultrapassa os sentidos mas não a razão.* Para a ciência ocidental, o mundo pode ser compreendido e explicado racionalmente e o único modo de funcionamento do espírito é aquele que todos conhecemos, o modo dual: o branco e o preto, o dia e a noite, o belo e o feio, o bem e o mal, etc. Levantar a questão da transcendência implica aceitar a possibilidade da existência de um nível de realidade que ultrapasse a razão, que escape à dualidade, ao maniqueísmo. Um nível que esteja além dos contrários e fora do alcance do pensamento discursivo.

Ao contrário do que podemos pensar, esta possibilidade não implica necessariamente a existência de Deus como entidade com uma intenção criadora. Para o Budismo, a transcendência é a Verdade Absoluta ou Definitiva, o modo de existência dos fenômenos, um nível de realidade que está presente em todas as coisas – embora raramente

[27] *La mémoire du l'univers*, Rupert Sheldrake, p. 255.

reconhecido – e que transcende o condicionamento. É um nível de realidade que está além do karma, que transcende as próprias leis que regem os fenômenos.

É neste nível de realidade que os sábios de todas as religiões e, ocasionalmente, mesmo os seres comuns vão buscar a energia para realizar aquilo a que se chama "milagres", ou seja, transformações ou fenômenos inexplicáveis que são exceções às leis naturais.

Com certeza muitos leitores são insensíveis a este argumento. A noção de transcendência é mais do que uma questão de crença cega. Na verdade, em dados momentos da nossa vida – instantes de profunda dor, de intensa alegria, de grande comunhão (com uma pessoa, um grupo de pessoas, uma multidão) ou de um total abandono –, muitos de nós pressentem, ainda que de forma vaga, a existência de uma dimensão do mundo que nos está habitualmente vedada. Em algumas pessoas esses instantes de intuição ou de "graça" são frequentes, noutras são mais raros. Geralmente os associamos às circunstâncias que os provocaram: à pessoa ou às pessoas com quem estávamos, ao lugar, às condições particulares. Mas a realidade é que, embora essa intuição tenha sido provocada por uma situação concreta, a situação em si não foi senão o fator circunstancial, a centelha que desencadeou um contato com algo que está sempre presente.

Quem reconheceu um ou mais instantes desses na vida será mais sensível à noção de transcendência. *Saberá* que de fato, em algum lugar, num jardim secreto do seu coração, reside um domínio vasto e luminoso onde a sua dimensão interior se revela em plenitude.

Troca de identidades

Imagine um homem perseguido pela polícia por atividades políticas subversivas. Esse indivíduo foge do seu país e um dia é testemunha ocular de um acidente automobilístico. Aproxima-se do carro acidentado e vê um homem muito parecido com ele. O homem está

morto e ele tem uma ideia: trocar de identidade com ele. O homem começa uma nova vida com essa identidade falsa. Embora sob o ponto de vista legal não haja problema, ele nunca está totalmente descontraído, pois tem sempre receio de que a qualquer instante uma situação, uma pessoa ou qualquer coisa o ponha em perigo. Dedica muito tempo e energia inventando estratégias e mentiras para o caso de ser apanhado em falso. Acha que tem de pensar em todas as eventualidades e estar sempre na defensiva. Porém as estratégias e as mentiras que inventa vão tecendo à sua volta uma teia na qual vai ficando cada vez mais prisioneiro.

A nossa situação no *samsara* é parecida com a de este homem. Algo em nós sabe que não somos o que pretendemos ser, que estamos jogando um jogo, que podemos ser apanhados em falso. Daí nasce uma insegurança profunda, por assim dizer existencial. Então o ser humano precisa acreditar em algo: numa religião, num sistema político, na razão, na ciência. Mesmo o ateísmo é uma forma de crença! Aquele que não acredita em nada – ou diz que não acredita – é um ser amargo e torturado, um suicida orgulhoso.

Esta incerteza fundamental consome-nos por dentro. Certas pessoas têm tão pouca confiança em si que perdem o poder de iniciativa e caem numa angústia profunda. Vivem depressão atrás de depressão, passam a vida em terapias de todos os tipos. Outras arranjam maneira de poder viver com ela, criam estratégias defensivas ou ofensivas, fecham-se numa fortaleza e afirmam que se sentem muito bem. Mas, qualquer que seja o grau de incerteza e de angústia, para o Budismo há apenas uma solução definitiva.

Voltemos ao nosso exemplo. O homem que adotou uma falsa identidade, que vive minado pela insegurança e pela angústia de ser descoberto, nunca mais voltou ao seu país. Ignora que houve um golpe de estado e que, em virtude das suas atividades políticas passadas, se tornou um herói nacional. E assim, aquele homem angustiado pela falsa identidade, inseguro e desconfiado, é idolatrado no seu país pelo seu próprio nome. Não é revoltante?

Uma vez mais, segundo o Budismo, a nossa situação assemelha-se à deste herói que se desconhece. Tentamos desesperadamente preservar e defender uma identidade que não nos pertence, vivemos tolhidos com medo de a perdermos, quando a nossa verdadeira identidade é heróica, destemida e opulenta. Somos como um avarento, podre de rico, que vive de forma miserável.

Na verdade, aqueles instantes mágicos de que falamos são os únicos contatos que mantemos com a nossa verdadeira identidade. Infelizmente são fugitivos, inconstantes e não se reproduzem com facilidade. Mesmo que diante de uma paisagem, um quadro, uma melodia, ao volante de um carro ou nos braços de alguém sintamos esse estremecimento de intuição, no dia seguinte, na semana seguinte ou no ano seguinte, em circunstâncias idênticas, nada se passa. Se eles podem servir para levantar momentaneamente o véu que nos separa da realidade da nossa natureza, se são como clarões de esperança numa noite de breu, rasgões no cenário de papelão de que nos rodeamos, não têm no entanto qualquer estabilidade. O objetivo do Budismo, e em particular da meditação, é ensinar-nos técnicas que nos vão permitir reconhecer, cultivar e desenvolver de maneira metódica esses contatos com toda a riqueza, todo o potencial de dignidade e de certeza da nossa identidade real. No final, seremos capazes de abrir mão do falso nome e assumir plenamente e com orgulho a opulência da nossa autenticidade.

O espírito

Em geral, quando falamos de espírito, não sabemos muito bem do que se trata. Devido à sua perspectiva materialista, a cultura ocidental considera que a consciência depende do funcionamento do cérebro, que atividade cerebral e consciência são dois nomes para a mesma coisa. Para o Oriente, e neste caso para o Budismo, não é assim.

Mas evitemos esse tipo de debate filosófico e adotemos simples-mente a perspectiva empírica para a qual "espírito" é pensamento,

o fluxo ininterrupto dos pensamentos que incidem sobre os objetos exteriores ou as reações que esses objectos suscitam em nós. Khyentse Rinpoche diz: "Aquilo a que habitualmente chamamos de espírito é o espírito iludido, um turbilhão de pensamentos atiçados pelo desejo, a cólera e a ignorância. Esse espírito, ao contrário da consciência iluminada, anda sempre enganado."

Nesta perspectiva, o espírito é um movimento incessante de pensamentos ligados a fatores externos (objetos exteriores ou as nossas reações a eles). Neste nível o espírito é um fenômeno condicionado. A maneira de pensar de alguém é condicionada por sua cultura, educação, hereditariedade, estado de saúde e uma quantidade quase infinita de fatores. Reagimos também de maneiras diferentes em função das situações, dos objetos e das experiências passadas, quer sejam memórias conscientes ou inconscientes.

O Budismo, como já vimos, reconhece outros níveis de consciência. Um exemplo dado nos textos diz que quando agitamos a água de um lago as partículas de lodo que se encontram no fundo ficam em suspensão na água e esta se turva. Se pararmos de agitar a água e deixarmos pousar em as partículas de lodo, ela volta a ficar límpida e transparente. Do mesmo modo, no seu estado habitual, o nosso espírito é um turbilhão de pensamentos. Quando os pensamentos abrandam e o espírito se acalma, podemos reconhecer a sua natureza clara e cognitiva. Mas trata-se ainda de um nível convencional da natureza do nosso espírito. Ao aprofundarmos a meditação, vamos atingir um outro nível, que é claridade e cognição não discursiva, e experimentar um nível de consciência incondicionado. É nesse sentido que se fala de "libertação". Quando se atinge esse reconhecimento e se permanece nele, repousa-se constantemente num estado incondicionado e se é livre de qualquer condicionamento.

Qual é o interesse? Vimos que o que nos mantém prisioneiros do círculo vicioso do *samsara* é o karma. Levados por uma confluência de fatores interiores e exteriores nascidos de um condicionamento anterior, realizamos múltiplas ações. Estas ações produzem consequências e, quando

estas se manifestam sob a forma de fenômenos e de situações, reagimos a elas, acumulando mais karma. A única maneira de pôr fim a este círculo interminável consiste em libertarmo-nos do condicionamento.

Como diz Khyentse Rinpoche: "O que nos perde no *samsara*, o círculo vicioso das existências, é o nosso espírito. Cegos para a natureza do espírito, apegamo-nos aos pensamentos que brotam dela. A consciência fixa-se em conceitos sólidos de eu e outros, de agradável e de desagradável, e por aí fora. E é assim que surge a ronda das existências."

Procurar a felicidade relativa graças ao conhecimento da lei do karma é acessível a todos os seres e compatível com todas as perspectivas do mundo, desde que não sejam demasiado sectárias. Mas procurar a felicidade absoluta, que não depende de circunstância nem de condição alguma, um estado que transcende a relatividade onde a felicidade se opõe ao sofrimento, é uma via transcendente.

Neste ponto é importante frisar o seguinte: embora o objetivo último do Budismo seja a obtenção da felicidade absoluta, ele não se opõe à felicidade relativa nem nega o seu valor. Não existe a ideia – que por vezes encontramos em outros caminhos – de que é necessário negar o relativo para ascender ao absoluto, que é preciso desprezar a matéria para atingir o espírito, que é indispensável mortificar a carne para atingir a união com o sagrado. O Budismo concilia estes dois aspectos afirmando que, *embora a nossa visão deva ser transcendente, a nossa atividade tem de respeitar meticulosamente a lei do karma*. Estão desta forma conciliados os objetivos relativo e último.

A meditação

Qual é o objetivo da meditação? *Para o Budismo, o objetivo da meditação é o reconhecimento dos níveis mais profundos do espírito para podermos atingir a libertação definitiva da ilusão e do karma.*

Na prática, existem muitas técnicas mas todas se baseiam em *shinê*, a calma mental. A técnica da calma mental consiste em focalizar

o espírito num só ponto. O vaivém da respiração é escolhido com frequência como objeto da concentração, pois está estreitamente ligado aos movimentos do espírito. Portanto, o fato de se concentrar sobre a respiração, sem tensão nem distração, sem travar os pensamentos mas não se deixando levar por eles, ajuda a pacificar o espírito, cria uma abertura, um espaço e uma liberdade que neutralizam diretamente o mal-estar e a sensação de opressão e de claustrofobia que todos conhecemos.

Dudjom Rinpoche, um dos grandes mestres tibetanos contemporâneos, descreve *shinê* nestes termos:

"O espírito é a base onde os pensamentos surgem. Pará-los é impossível, temos de nos descontrair, mantendo-nos fisicamente relaxados, em silêncio e atentos para não nos deixarmos levar pelos pensamentos, bons ou maus. Neste estado de à-vontade, o espírito observa o espírito."

Quando permanecemos neste estado de tranquilidade, sem qualquer esforço para tentar parar os pensamentos sobre o passado e o futuro, experimentamos então uma claridade tranquila, semelhante a um oceano sem ondas. "O espírito permanecendo no espírito" é conhecido pelo nome de *nepa*, ou "imobilidade".

Deixemos o espírito nesse estado em que ele se assemelha a um lago calmo. Nessa superfície imóvel, a certa altura ocorre uma alteração, como uma brisa suave que provoca uma ligeira ondulação na superfície da água. É o que se chama "movimento". Se nos deixarmos levar por ele, cairemos de novo no erro, como foi explicado.

Sem reconhecermos a imobilidade, é impossível reconhecermos o movimento. Nas profundezas do espírito existe algo que pode estar consciente tanto do movimento como da imobilidade. Chama-se *rigpa*, ou "estado de presença". Durante a meditação, não nos devemos opor ao movimento, nem ir atrás dele. Tendo reconhecido a imobilidade, podemos deixar que o espírito volte a ela. Se permanecermos descontraídos quando a alteração surge, o movimento se dissolverá sozinho, como a onda que se forma à superfície do oceano e logo a ele regressa.

Se, quando um movimento surge, tentamos impedi-lo, apenas daremos mais força a esse pensamento. Por conseguinte, nunca nos devemos opor ao movimento. Devemos, sim, graças ao estado de presença, regressar à precedente experiência de tranquilidade. Agitar a água límpida de um lago apenas terá o efeito de turvá-la; do mesmo modo, não há claridade possível quando os pensamentos se agitam sem fim.

Esta meditação chama-se *shinê*, ou calma mental, e é a base de todas as meditações. Graças a esta prática, a ofensiva dos pensamentos abrandará. Isto não quer dizer que os pensamentos cessem, mas sim que eles deixam de nos afetar e de destruir a nossa serenidade."[28]

Embora seja recomendado realizar a meditação sob a direção de um instrutor experimentado, vamos explicar aqui alguns exercícios de meditação muito simples para aqueles que desejam praticar e não conseguem encontrar um instrutor.

Em primeiro lugar, é importante encontrar um local e um momento apropriados. Um lugar calmo, por exemplo um quarto cuja disposição seja agradável, que seja limpo com regularidade e não esteja atulhado de objetos os mais diversos, pode servir perfeitamente. Deve-se evitar escolher, como local de prática, a sala de visitas, uma sala que esteja sempre cheia de gente e onde as pessoas se reúnem para conversar.

É também importante ter a certeza de não ser interrompido, não se deixar nada à espera, nada que possa requerer subitamente a atenção – uma panela no fogo, uma criança brincando – senão o espírito não estará em paz. Certas pessoas preferem meditar num quarto com muita luz, outras sentem-se mais interiorizadas na penumbra. Queimar um pouco de incenso pode ajudar a criar uma atmosfera propícia. Nesse caso é importante escolher um incenso de boa qualidade, fabricado segundo uma receita tradicional e estudado para criar uma atmosfera

---

[28] Ver *Adarsha* n°5, *Revista do Budismo Tibetano Nyingma*, "O Jogo do Pensamento".

propícia para a meditação. O ideal é encontrar um incenso desses senão, pelo menos, um incenso cuja composição e aroma não sejam demasiado artificiais.

Embora seja possível praticar a meditação em qualquer momento, de início será mais fácil fazê-lo de manhã cedo, antes de começar as atividades do dia. De manhã, ao acordar, ainda não se está muito tomado pelas preocupações habituais e o espírito está mais disponível e relaxado.

Sente-se numa posição confortável e correta. No Oriente as pessoas sentam-se no chão, de pernas cruzadas, mas nós não estamos habituados. Por conseguinte, quem tenha dificuldade em se sentar no chão pode sentar-se numa cadeira, se mantiver as costas eretas. É muito importante manter uma postura física correta, sobretudo no princípio, para que as energias sutis circulem harmoniosamente.

Sente-se com as costas bem retas, a cabeça no prolongamento da coluna, nem inclinada para a frente nem para trás, e o queixo para dentro. Os ombros puxados para baixo e para trás, os olhos – abertos ou fechados – estão fixos no chão, cerca de 1,50 m à sua frente. Se se sentir entorpecido, pode levantar o olhar, se estiver distraído pode aproximá-lo. Os braços devem estar relaxados, as palmas das mãos pousadas sobre os joelhos, os dedos juntos, ou então a mão direita pousada sobre a esquerda no nível do umbigo, com as palmas voltadas para cima e as extremidades dos polegares uma contra a outra. A língua colada ao palato, a ponta tocando os incisivos superiores.

Depois de adotar a postura correta, procure descontrair-se. Aprecie simplesmente o fato de estar presente, cheirar o perfume do incenso, sentir a brisa que entra pela janela, ouvir o chilrear dos pássaros. Sinta o contato com o tapete ou o piso, tome consciência da postura física. Respire profundamente algumas vezes e em seguida deixe a respiração voltar ao ritmo normal.

O passo seguinte é expirar o ar viciado. Graças a este exercício, eliminam-se as perturbações energéticas, as tensões e as irritações produzidas pelas emoções e as ações negativas do corpo, da palavra e do espírito, dispondo-se para maior serenidade e relaxamento.

Em primeiro lugar, coloque a ponta do polegar na base do dedo anular de cada mão e exerça uma ligeira pressão. Este gesto permite transformar a energia negativa em energia positiva. Em seguida feche os outros dedos e pouse as mãos de novo sobre os joelhos. Inspire profundamente e levante a mão direita à altura do rosto. No final da inspiração, abra a mão, mantendo o polegar na base do anular. Com o anular, tape a narina esquerda. Expire então pela narina direita e, ao mesmo tempo, abra os dedos da mão esquerda que está pousada sobre o joelho. Ao expirar, mentalize que está libertando as tensões provocadas pelo ódio, a cólera e a agressão.

Em seguida, feche os dedos da mão direita e volte a pousá-la sobre o joelho. Inspire de novo, levante a mão esquerda e bloqueie a narina direita com o anular esquerdo. Expire pensando que está libertando todos os bloqueios ligados ao desejo, às frustrações, à avidez, e abra os dedos da mão direita progressivamente ao longo da expiração.

Por fim, inspire pela terceira vez e expire pelas duas narinas, abrindo os dedos de ambas as mãos que ficaram pousadas sobre os joelhos. Pense que está libertando as energias ligadas à ignorância, à falta de discernimento, à inércia e ao torpor.

Este ciclo de três exercícios respiratórios pode ser realizado três ou nove vezes. Se sentir que está particularmente agitado ou confuso, será preferível prolongar o exercício um pouco mais que de costume. No final, vai sentir uma certa claridade mental e deve considerar que as energias sutis do corpo e do espírito se tornaram claras e límpidas.

A etapa seguinte consiste em manter o espírito aqui e agora, aplicando a concentração sobre o vaivém da respiração – inspiração e expiração. Para isso, conte 7 ou 21 respirações mantendo-se atento para não deixar o espírito divagar. Após alguns instantes, vai se flagrar pensando nas compras, no trabalho, nos telefonemas que tem de fazer ou em qualquer outra coisa. O exercício consiste justamente em tomar consciência da divagação e em trazer de novo o espírito para o seu objeto: a respiração.

Embora se trate de um exercício extremamente simples, é uma excelente preparação para qualquer forma de meditação, seja ela

budista ou não. Na verdade, o seu objetivo é apenas desenvolver a capacidade de concentração sobre um dado objeto, mantendo o espírito num estado de vigilância e de atenção, livre das recordações do passado, dos projetos para o futuro e das considerações presentes. Em resumo, trata-se de manter o espírito aqui e agora a cada instante.

O primeiro resultado é frequentemente o desapontamento: o espírito é incapaz de estar quieto! Será que não estou mais disperso do que antes de ter começado a praticar a meditação? Não. O que aconteceu foi que, talvez pela primeira vez na vida, teve consciência da distração.

Com o tempo, haverá dias em que a meditação será muito agradável. Os resultados são variáveis: por vezes você se sentirá maravilhosamente bem, outras vezes tenso e inquieto, com vontade de tudo menos de meditar. Não há que estranhar, nada de especial está acontecendo. São as reações normais de todos os dias. A única diferença é que, ao contrário de todos os dias, você está consciente delas. Parece pouco, mas é um primeiro passo, precioso e indispensável.

O reconhecimento da natureza do espírito

Reconhecer a natureza mais profunda do espírito é difícil, mas conscientizar-se de seu caráter claro e cognitivo e ter uma intuição da sua insubstancialidade é relativamente mais fácil.

Quando conseguimos acalmar o tumulto dos pensamentos, descobrimos uma claridade e um espaço no seio dos quais sentimos uma grande liberdade. Por outro lado, quando desviamos o espírito dos objetos exteriores, temos uma sensação de "vazio". Uma vez que reconhecemos o espírito essencialmente pela sua projeção sobre esses objetos, quando nos desviamos deles, obtemos uma impressão de "ausência". É como um espelho. Conhecemos o espírito porque ele reflete os objetos à sua volta, mas neste caso trata-se de reconhecer a sua natureza luminosa, independentemente dos objetos que nele se

refletem. Quando tentamos contemplar o espírito "vazio de objetos", ao fim de algum tempo começamos a ver surgir uma claridade subjacente. Temos então de contemplar essa claridade e interrogarmo-nos sobre a sua natureza. Será algo concreto? Se observarmos atentamente, poderemos sentir uma "ausência": aquilo que procuramos não está lá. No entanto também não podemos dizer que lá não haja "nada", pois subsistem uma claridade e uma capacidade cognitiva intensas no seio dessa ausência. Neste ponto os pensamentos deixam de nos perturbar. São como nuvens que passam no céu ou como reflexos num espelho: movimentos passageiros que agitam a superfície da imobilidade mas não a perturbam. Desta forma, aproximamo-nos um pouco do estado natural do espírito.

Embora todos estejamos de acordo em dizer que o espírito não é algo sólido, com forma, cor, cheiro, textura, etc. (critérios de que em geral nos servimos para afirmar a existência das coisas), a verdade é que os pensamentos de ódio, de desejo ou de orgulho, ao surgirem, levam-nos a cometer ações que provocam muito sofrimento em nós e nos outros. É útil que tomemos consciência da natureza insubstancial do nosso espírito e dos pensamentos que nele surgem, que constatemos o caráter ilusório e fugaz dessas flutuações, semelhantes à brisa do fim de tarde, à nuvem passageira que, mesmo sendo cinzenta e ameaçadora, na realidade é apenas composta de gotas de água, vapor, enfim, quase nada.

Todas as meditações budistas têm como objetivo esse reconhecimento e existem vários níveis e várias técnicas para lá chegar. É sempre preferível que estas sejam comunicadas pessoalmente por um instrutor qualificado, mantendo-se assim a linhagem de transmissão. Hoje em dia, no Ocidente, a meditação tornou-se uma moda, um passatempo como a natação ou os esportes radicais. As escolas de meditação crescem por todo o lado e as técnicas multiplicam-se. É possível praticar a meditação como uma disciplina banal de relaxamento ou de evasão através do espírito. Se as técnicas em questão forem simples e positivas, se não encorajarem pensamentos negativos de aversão ou de desejo

excessivos, nem intenções malevolentes para com os outros, não há grande perigo. Mas para podermos ter plena confiança no método ensinado é preferível escolhermos uma escola ou uma técnica que tenha dado provas. Tal como se ignoram os efeitos secundários a longo prazo de um novo medicamento recém-saído dos laboratórios farma-cêuticos, também não se sabe que efeito pode ter sobre o nosso espírito uma técnica de meditação que acabou de ser inventada e não pertence a uma linhagem de transmissão.

Para o Budismo, a única finalidade da meditação é o reconhecimento da natureza do espírito para nos libertarmos do mal-entendido do *samsara*.

Alguns conselhos para a prática da meditação

Um aspecto muito importante é a regularidade: cinco minutos todos os dias valem mais que uma hora de vez em quando. Como em qualquer aprendizagem, a regularidade do treino é essencial. Como é óbvio, a regularidade exige disciplina mas esta é muito salutar pela ordem que dá à nossa vida. Na medida do possível, tentemos encontrar alguns minutos por dia, sempre à mesma hora. Graças ao hábito assim criado o espírito dispõe-se muito mais facilmente à meditação. Pelas ocupações que têm ou o estilo de vida que levam, certas pessoas não conseguem ter um horário regular. Mesmo se tiverem de praticar sempre em horas diferentes o mais importante é manter a continuidade.

A meditação é essencialmente uma disciplina do espírito e como tal é importante que o corpo não monopolize toda a atenção. Não devemos deixar que uma postura sustentada a muito custo nos deixe completamente tensos. Se for o caso, é preferível mudarmos de posição, relaxarmos os músculos ou as articulações durante alguns instantes e voltarmos em seguida à postura correta, em vez de teimarmos em mantê-la à força e não conseguirmos pensar em mais nada. Como já dissemos, as pessoas que não conseguem sentar-se de pernas cruzadas

podem sentar-se numa cadeira, num banco ou mesmo num sofá, desde que mantenham as costas bem retas.

Para este tipo de meditação não é aconselhável deitarmo-nos. Quando nos deitamos temos de lutar contra o entorpecimento, e é muito mais difícil mantermos a mesma claridade mental do que quando estamos sentados. Claro que um praticante experimentado pode meditar em qualquer posição, a qualquer hora e em qualquer lugar, mas, se não for o nosso caso, é mais fácil respeitarmos certos princípios.

De início é preferível fazermos sessões de meditação curtas – de dez a vinte minutos – e irmos aumentando progressivamente. Se quisermos fazer sessões mais longas, também podemos concentrar-nos durante alguns minutos e, quando começamos a ficar cansados, física ou mentalmente, relaxarmos alguns instantes antes de voltarmos à concentração e à postura. De vez em quando é bom verificar se a postura não está criando demasiadas tensões.

Quando começamos uma sessão de meditação, não devemos passar sem transição da atividade à meditação. Tomemos alguns instantes para relaxarmos, tomar consciência do que vamos fazer, do objetivo a que nos propomos, do lugar em que estamos para voluntariamente pormos de lado as preocupações e os problemas a resolver. Se seguirmos este conselho, a meditação será bem mais proveitosa. Muitas vezes, sobretudo quando há pouco tempo, temos tendência para sentar e começar de imediato a meditar. Uma vez mais, um praticante experimentado não terá problema, mas para os principiantes é preferível resistir a essa tendência e começar com alguns instantes de relaxamento e de tomada de consciência.

O espírito funciona com hábitos e rituais. Levantamo-nos, escovamos os dentes, tomamos o café-da-manhã – todos os momentos do dia são pontuados por rituais infalíveis. Temos de fazer o mesmo em relação à meditação, acender uma varinha de incenso, fechar as cortinas, sentar-nos numa certa postura, virar-nos sempre na mesma direção. Com o tempo, esse pequeno ritual torna-se numa grande ajuda para vencermos os altos e baixos, as flutuações e o abatimento. Ele

pode ajudar-nos a manter a regularidade necessária para que as experiências de cada dia se acumulem e produzam resultados espetaculares ao fim de algum tempo.

Existem muitos tipos de meditação, mas todas elas dependem da concentração e da capacidade de relaxamento. É muito importante praticarmos a meditação aqui descrita como preparação para todas as formas de meditação, das mais simples às mais complexas. Embora seja possível dar os primeiros passos através das instruções de um livro, nada pode substituir um instrutor em carne e osso. Portanto é preferível tentar informar-se sobre a possibilidade de seguir, ainda que de vez em quando, cursos de meditação. É apenas por saber que existem muitos locais onde é difícil encontrar uma boa escola de meditação que vou descrever alguns exercícios tradicionalmente praticados nas escolas tibetanas.

As três luzes

Depois de ter adotado a postura descrita e de ter realizado os exercícios respiratórios, concentre-se no vaivém da respiração e conte 21 respirações. Em seguida visualize na sua frente uma esfera de luz branca, semelhante a uma esfera de cristal, mas imaterial como um arco-íris, e considere que ela concentra em si toda a energia física positiva do Universo. Visualize então um raio de luz branca emanando dela que o toca na testa e se funde em você, provocando uma sensação de bem estar e de frescura. Nesse momento, pense que todos os seus comportamentos incorretos foram purificados, todos os desequilíbrios físicos foram harmonizados e todas as doenças foram curadas. Se sofre de alguma doença específica, pode dirigir a luz para essa parte do corpo ou então, se desejar ajudar alguém que está doente, visualize essa pessoa e dirija os raios de luz branca para ela.

Em seguida, por baixo da esfera branca, visualize uma esfera vermelha. Nela está concentrada toda a energia sonora positiva do

Universo. O som tem uma importância enorme. A música, por exemplo, influencia os estados mentais e alivia o estresse. O som é uma frequência vibratória que tem o poder de construir ou de destruir, e todas as tradições religiosas do mundo reconheceram o poder de transformação dos cânticos, da música e da recitação de fórmulas mágicas. Desta esfera vermelha e vibrante parte um raio de luz vermelha que o toca na região da garganta, provocando uma sensação de agradável calor. Todas as perturbações causadas pela má utilização da palavra são apaziguadas e você se sente cheio de energia positiva e calorosa.

Por fim, visualize uma esfera azul, exatamente como as anteriores, luminosa e imaterial. Nela se concentra a energia espiritual positiva do Universo e o raio de luz que dela provém, ao atingir o seu coração, transmite-lhe uma sensação de liberdade e de espaço. Considere que essa luz dissolve todas as atitudes mentais mesquinhas, malevo-lentes e negativas, enchendo-o de bem estar, de paz e de bondade. Sinta-se livre e leve como a águia que plana muito alto no céu ao sabor do vento.

Com um pouco de hábito, estes exercícios muito simples podem ganhar grande significado. As três esferas vão tornar-se um amigo, um refúgio e uma presença reconfortante nos momentos difíceis. Você compreenderá cada vez melhor o seu significado profundo e sentirá os seus efeitos positivos. Se praticar com abertura de espírito, encontrará todos os dias um novo significado neste exercício, que se tornará assim cada vez mais fértil e pleno de sentido.

As quatro mudanças de perspectiva

As práticas preliminares, chamadas "comuns", compreendem o estudo e a meditação sobre as quatro mudanças de perspectiva que transformam o nosso espírito. Estas práticas são chamadas comuns na medida em que são facilmente acessíveis a todos e podem ser praticadas por pessoas que não desejam assumir um compromisso religioso.

As quatro mudanças de perspectiva baseiam-se na reflexão sobre quatro assuntos que estudamos nos capítulos anteriores:

1. A reflexão sobre a raridade e o caráter excepcional do nascimento humano.
2. A reflexão sobre a impermanência e a morte.
3. A reflexão sobre a lei de causalidade.
4. A reflexão sobre a natureza e as formas de existência do *samsara*.

Para realizar esse tipo de meditação, proceda da seguinte forma: realize os exercícios respiratórios anteriormente descritos e depois visualize as três esferas e os raios de luz. Em seguida, reflita durante alguns instantes sobre cada um destes temas. Nas várias escolas budistas tibetanas existem textos rituais para inspirar essa reflexão, mas, se não puder recebê-los de um instrutor, basta reler algumas passagens sobre os vários assuntos. Este estilo de meditação é mais propriamente uma reflexão e consiste em analisar, à luz dos ensinamentos budistas, vários aspectos da sua visão do mundo, reconsiderando as suas perspectivas e prioridades e tentando compreender os acontecimentos da vida. É uma maneira de aprender a apreciar o dom da vida humana, a aprofundar a compreensão da natureza kármica dos fenômenos, a contemplar a impermanência sob todos os seus aspectos, a adquirir um sentimento de urgência perante a incerteza do momento da morte e a rever todas as formas de existência com os seus sofrimentos respectivos.

Pouco a pouco este tipo de reflexão acabará por dar-lhe uma perspectiva mais vasta e uma grande flexibilidade mental. Quando começar a integrar estas ideias na sua perspectiva pessoal, obterá uma visão de mundo global e coerente, capaz de abarcar todas as situações.

Conclusão

O mundo em que vivemos é muito diferente do mundo em que Buda nasceu, viveu e ensinou. Muita gente pensa, por conseguinte, que esta abordagem do mundo é irrealista, utópica e impossível de aplicar no cotidiano moderno. É um erro considerável. Na verdade, não há nada nestas páginas que não possa ser aplicado na nossa vida diária. Pelo contrário, num mundo tão destituído de valores humanos, em que o desenvolvimento demográfico e tecnológico fez de nós possantes predadores, nada tem mais atualidade do que esta visão do mundo que reconhece a profunda interdependência dos fenômenos e dos seres, apelando para a bondade, a tolerância e a não-violência no seu sentido mais lato. Quem duvida de que o mundo seria um lugar bem mais agradável se o planeta inteiro, os habitantes de um país ou de uma cidade, os nossos colegas de trabalho, os vizinhos ou mesmo apenas a nossa própria família seguissem estes ensinamentos?

Mas é difícil encontrar um caminho na sociedade moderna. O desenvolvimento dos meios de comunicação abriu-nos um mundo de informação. O nosso espírito é um amálgama de experiências, estilos, personalidades e tendências diversas e contraditórias. Um dia vamos numa direção, no dia seguinte já mudamos de ideia. Começamos milhares de coisas que raramente acabamos, lidamos com montanhas de informações que não sabemos classificar nem integrar. Com tal multiplicidade e dispersão, deixamos de ter um objetivo, perdemos o poder de realização e concretizamos muito poucas coisas.

A experiência prova que as pessoas que desejam realmente algo acabam sempre por obtê-lo. Não é milagre, é o resultado lógico de terem mobilizado o seu potencial de concretização. Portanto, é importante construirmos uma visão do mundo coerente e flexível, com pontos de referência confiáveis, para integrarmos e interpretarmos a multiplicidade das experiências e dos dados que chegam a nós. Assim, ao darmos uma direção à nossa vida, nós lhe imprimimos um ritmo, e isso nos ajuda a enfrentar a adversidade. A nossa existência ganha sentido e os outros respeitam-nos pelo exemplo que damos. No momento da morte, a determinação de atingir um objetivo guia-nos no bardo até encontrarmos um corpo que seja adequado para prosseguirmos. Tudo isso pode parecer-lhe um resultado desproporcional ao pequeno esforço que exige mas, tal como muitas gotas de chuva acabam por encher uma grande cisterna, o resultado de um treino diário pode ser surpreendente.

Portanto, gostaria que você não considerasse estas reflexões que partilhei aqui como uma doutrina religiosa para ser adotada apenas por budistas. O meu profundo desejo é que você possa retirar delas aquilo que lhe parecer enquadrar-se na sua visão do mundo, com particular destaque para a atitude ética de não-violência. Se puder acrescentar-lhe a motivação de fazer bem aos seres, melhor ainda.

Se você foi sensível ao ponto de vista que apresentei, terá compreendido que é no seu próprio interesse. Muitos hesitam em classificar o Budismo: será uma religião, uma filosofia ou uma ciência do espírito? Pessoalmente, acho que é tudo ao mesmo tempo. No entanto, na perspectiva deste livro, tentei apresentá-lo como uma arte de viver. Com efeito, não seguir a lei do karma, gerar conflitos, alimentar ódios, excitar desejos, provocar ciúmes e criar confusão, não são atitudes confortáveis. Não aceitar o renascimento, não reconhecer a dignidade da condição humana e revoltar-se contra o sofrimento impedem-nos de encontrar sentido na existência e cortam-nos qualquer possibilidade de evolução. O desconforto que essas atitudes geram na nossa vida e na dos outros é fonte de sofrimento e de infelicidade nos âmbitos

individual, familiar, social e ecológico. Por conseguinte, bem viver é uma arte, uma arte indispensável. Ao contrário da pintura ou da música, para as quais temos de ser dotados desde cedo, qualquer pessoa pode aprender a viver. Esta é, a meu ver, uma grande fonte de esperança, uma verdadeira revelação suscetível de abrir uma porta na nossa vida, indicar um caminho a quem esteja desesperado e confuso. Assim, ficaria feliz se, ainda que por um instante, este livro lhe tivesse sugerido o possível sentido da existência humana e o tivesse inspirado em tornar-se um virtuoso dessa arte suprema entre todas: viver.

Gostaria de terminar com algumas palavras de Dudjom Rinpoche, um dos seres mais extraordinários que me foi dado conhecer, as quais me parecem resumir a mensagem essencial deste livro:

"Como todas as experiências de sofrimento e de felicidade provêm dos nossos atos e a natureza positiva ou negativa destes depende da nossa motivação, é vital dominarmos o espírito. Porém, não podemos dominá-lo pela força física. Temos de aprender a controlá-lo a ponto de podermos abandonar uma ação no próprio instante em que percebemos que é prejudicial. Temos de estar conscientes de que o mal que fazemos aos outros recai sobre nós próprios, mesmo que a curto prazo isso não pareça evidente."

Bibliografia

Para aprofundar os temas abordados nos diversos capítulos, recomenda-se a leitura dos livros ou a consulta das páginas da *web* que se seguem:

1 – A Lei da Causalidade

DAVID BOHM, *Wholeness and the Implicate Order*, Routledge.

PATRUL RINPOCHE, *The Words of my Perfect Teacher*, Harper and Collins; *Le Chemin de la Grande Perfection*, Éditions Padmakara.

RUPERT SHELDRAKE, *La Mémoire de l'Univers*, le Rocher; *The Presence of the Past: Morphic Resonance and the Habits of Nature*, Park Street Press; *A Presença do Passado*, Instituto Piaget, Loures, 1996.

Consultar também na Internet: www.sheldrake.org

2 – O Ciclo dos Renascimentos

DR. IAN STEVENSON, *Children who Remember*, University Press of Virginia; *Where Reincarnation Intersect with Biology*, Praeger Publishers.

MATHIEU RICARD e TRINH XUAN THUAN, *L'infini dans la paume de la main*, Nil Éditions.

Consultar também na Internet: www.childpastlives.org

3 – A Instabilidade do Mundo

B. ALAN WALLACE, *Choosing Reality*, Snow Lion; *Science et Bouddhisme*, Calman-Lévy.

FRITJOF CAPRA, *O Tao da Física*, Editorial Presença, Lisboa, 1989.

4 – Vida, Morte e Renascimento

Dalai Lama, *Sleeping, Dreaming, and Dying*, Wisdom Publications.

Francesca Fremantle e Chögyam Trungpa, *Le livre des morts tibétain*, Le Courrier du Livre.

Kalu Rinpoche, *La voie du Bouddha*, Seuil Poche.

Patrick Van Eersel, *La source noire*, Grasset Poche.

Péma Wangyal, *L'entraînement spirituel en relation avec le bardo*, Éditions Padmakara.

Sogyal Rinpoche, *O Livro Tibetano da Vida e da Morte*, Difusão Cultural, Lisboa, 1995.

Tulku Thondup, *The Healing Power of Mind*, Shambala Publications; *L'infini pouvoir de guérison de l'esprit*, Le Courrier du Livre; *O Poder Curativo da Mente*, Pensamento.

5 – A Dignidade da Condição Humana

Dalai Lama e Howard C. Cutler, *Um Guia para a Vida*, Editorial Presença, Lisboa, 1999; *Ética para o Novo Milénio*, Editorial Presença, Lisboa, 2000.

6 – Gerir e Transformar o Sofrimento

Dilgo Khyentse Rinpoche, *Compaixão e Iluminação*, Livros e Leituras, Lisboa, 1999.

Djigmé Tenpei Nyima, *Le goût unique du bonheur et le la souffrance*, Éditions Padmakara.

7 – A Meditação

Péma Wangyal, *Diamants de Sagesse*, Éditions Padmakara.

Leia da Editora Ground

Maruan
e sua busca por um sentido de vida

Aldenor Romero Studart

Este livro nos convida a um momento de reflexão sobre a existência e a nossa postura em relação à vida. É uma estória singela e tocante inspiração para voos altaneiros, além da mediocridade dos que apenas buscam a sobrevivência, sem a aventura da graça e da sabedoria. O autor, de forma leve e sóbria, aponta para algumas lições fundamentais do viver evolutivo.

O Tao da Cura – Medicina Chinesa Prática
A teoria dos cinco elementos aplicada ao Qi Gong, Acupuntura e Tai Chi

Achim Eckert

Os cinco elementos do Taoísmo – madeira, fogo, terra, metal e água são forças cósmicas que podem ser percebidas tanto na natureza quanto no ser humano. Para equilibrá-las o leitor encontrará uma série de exercícios físicos simples e didáticos. Valioso e ficaz para qualquer praticante de acupuntura, Qi Gong ou Tai Chi.